SARAH KESHTKARAN

WEIT WEG ZU MIR ZURÜCK

WEIL DAS WAHRE GLÜCK NICHT WOANDERS WARTET

SCM
Hänssler

SCM

Stiftung Christliche Medien

SCM Hänssler ist ein Imprint der SCM Verlagsgruppe, die zur Stiftung Christliche Medien gehört, einer gemeinnützigen Stiftung, die sich für die Förderung und Verbreitung christlicher Bücher, Zeitschriften, Filme und Musik einsetzt.

71088 Holzgerlingen · Internet: www.scm-haenssler.de · E-Mail: info@scm-haenssler.de
Die Internetlinks wurden am 01.09.2020 geprüft.

Wenn nicht anders angegeben, wurden die Zitate aus dem Englischen frei ins Deutsche übertragen

Die Bibelverse wurden, soweit nicht anders angegeben, folgender Ausgabe entnommen:
Neues Leben. Die Bibel, © der deutschen Ausgabe 2002 und 2006 SCM R.Brockhaus in der SCM Verlagsgruppe GmbH Witten/Holzgerlingen.
Weiter wurden verwendet:
Neue Genfer Übersetzung - Neues Testament und Psalmen.
© 2011 Genfer Bibelgesellschaft, Romanel-sur-Lausanne, Schweiz.
The Message -The Bible in Contemporary Language
© 2002 Eugene H. Peterson, Send the Light, ?Carlisle, Großbritannien.

Lektorat: Julia Schlicht
Umschlaggestaltung: Stephan Schulze, Holzgerlingen
Titelbild: Sarah Keshtkaran
Autorenfoto: © Papik Manukian
Satz: Adrian Pourkian, Hamburg
Druck und Bindung: Dimograf
Gedruckt in Polen
ISBN 978-3-7751-6048-3
Bestell-Nr. 396.048

Bilder im Innenteil:
Seiten 15, 23, 51, 53, 84-85, 101, 116, 145, 175, 183, 203, 217, 222-223, 232-233: Sarah Keshtkaran · Seite 170: Babak Keshtkaran · Seiten 19, 62, 74-75, 156-157, 200-201: Luisa Schulze · Seite 27: Patrick Hendry, von unsplash.com · Seiten 38-39, 130-131: Daniele Levis Pelusi, von unsplash.com · Seite 140: Anna Frey (www.annafrey.de)

Dieses Buch ist all den Helden und Heldinnen gewidmet, die tief in ihrem Herzen eine Sehnsucht nach mehr spüren: mehr Sinn, mehr Erfüllung, mehr Weite – vielleicht auch mehr Risiko und mehr Abenteuer. Ich widme es all denen, die diesen Weg nicht mit mehr Stress und Druck bezahlen, sondern sich auf den Weg machen, ihr Inneres zu erobern und sich von Gott leiten zu lassen.

Danke, dass du einer dieser Helden an meiner Seite bist, Babak Keshtkaran. Nur mit dir würde ich diesen Weg immer wieder wählen.

INHALT

STIMMEN ZUM BUCH

Sarahs Worte sind absolut ehrlich, verletzlich und gleichzeitig so stark. Dieses Buch hat meinen Blick auf Angst, Zufriedenheit und Freiheit verändert.

Mira Weiss – Gründerin von herzstärkend

Ich habe das Buch mit einem tiefen Seufzer beendet. Ich liebe es, dass Sarah darin nicht mit frommen, glatten Plattitüden um sich wirft, sondern das Leben, das Zweifeln und auch das Scheitern so punktgenau wiedergibt. Wir brauchen solche Bücher mittendrin in einer von Selbstoptimierungswahn zerfressenen Welt mehr denn je. Ich habe es geliebt, in das Buch einzutauchen und mich mitnehmen zu lassen, wie Sarah unter Äthiopiern in den Rissstellen ihres Lebens verändert wird!

Veronika Smoor – Bloggerin und Autorin

Wie mutig muss man sein, wie viel Angst darf man haben und wie viel Stille und Schmerz muss man ertragen, wenn man auswandert? Sarahs lebensverändernde Auswanderung verändert auch mich und meinen Blick auf den Alltag. Ich wünsche mir ein Leben ohne Leid, ein „Normal" ohne Zumutung. Aber müssen sich richtige Entscheidungen immer gut anfühlen und muss eine Reise immer glücklich sein?

Priska Lachmann – Theologin, Autorin und Bloggerin

Dieses Buch steckt voller Emotionen und ebenso vieler Weisheiten. Sarah Keshtkaran nimmt einen ab der ersten Seite mit auf ihre Reise in ein fremdes Land, und ohne es zu merken, wird es ein Stück weit zur eigenen Reise. Denn die Fragen, die sie sich stellt, bleiben im Kopf und fordern Antworten. Und während des Grübelns wird man immer wieder in ihren tropischen Garten in Äthiopien eingeladen, wo einem so langsam klar wird, dass es vor allem diese Verletzlichkeit ist, die zufrieden macht und die Angst vor der Angst nimmt.

Katharina Weck – Autorin

Als ich das Buch las, war ich hin- und hergerissen. Zum einen wollte ich lesen, lesen, lesen und jedes Wort in mich aufsaugen. Denn es fühlte sich an, als würde ich mit Sarah am Tisch sitzen und mir ihre zutiefst ehrliche, einmalige und so mutmachende Geschichte anhören. Zum anderen wuchs mit jedem weiteren gelesenen Wort das Kribbeln im Herzen und die Abenteuerlust in mir. Denn Sarahs Geschichte ist mehr als nur eine Geschichte: Sie ist eine Einladung, die eigene Lebensgeschichte in jedem Detail wertzuschätzen und sie ganz mutig und erwartungsvoll zu leben – in dem Wissen, dass sie eingebettet ist in Gottes große Geschichte mit dieser Welt.

Elena Schulte – Autorin und Speakerin

HALLO ZUSAMMEN,

Ich will ganz ehrlich sein: Wenn ich keine Ahnung hätte, was in diesem Buch steht, würde ich es trotzdem von ganzem Herzen und voller Ehrgeiz empfehlen! Warum? Weil ich ein Fan, ein Freund und leidenschaftlicher Follower der Autorin bin? Jein, das stimmt zwar alles, aber ich würde das Buch *Weit weg zu mir zurück* euch auch ans Herz legen, weil ich erlebt habe: Was die Autorin Sarah Keshtkaran anpackt, ist gut. Ich weiß, auf sie ist Verlass.

Denn vor, während und nach der schrecklichsten und schmerzvollsten Zeit meines Lebens, die ich auf dem Rücken liegend, den Kopf angeschraubt auf der Intensivstation verbracht habe, war Sarah ohne Mitleid, aber durch mein Leid vereint, nicht nur für mich, sondern in ihrer Weit- und Umsicht auch für meine Familie wie ein Engel. Sie packte an, wo es nur ging, fuhr meine Geschwister zur Schule, kochte für meine Eltern zuhause und schickte regelmäßig wärmende Nachrichten.

Für mich kann es höchstens im wahrsten Sinne des Wortes ein Zufall sein, dass ich sie gerade noch rechtzeitig ein halbes Jahr vor meinem Unfall kennenlernen durfte. Und somit kann ich sagen, dass ihre heilenden und wahrhaftigen Worte, die schon damals für meine Familie und mich mehr als seine Berechtigung hatten, auch in ihrem neuen Buch diese Wirkung haben müssen.

Nun habe ich es gelesen und nach der Lektüre kann ich nur sagen: So ist es. Bitte lest!

Mich persönlich hat dieses Buch zum Nachdenken angeregt, zum Handeln motiviert, zu Tränen gerührt, für die Stille sensibilisiert. Und es hat auch unmittelbar in mir längst verborgene kriminelle Energien freigesetzt. Als ich noch nicht einmal ein Drittel oder zwei Fünftel des Manuskripts gelesen hatte, leitet ich das Manuskript an meine Frau Sarah weiter. E-Mails schreibe ich meiner Frau nur, wenn es wichtig ist. Und hier war es wichtig.

Abgesehen von den entzückenden Vornamen haben die beiden und auch ihre Lebens- und Familienkonstellationen auf den ersten Blick nichts gemein. (Ein Pastoren-Paar, das mit Kindern nach Äthiopien auswandert, und ein Schauspielerehepaar, das in Deutschland herumwandert.)

Und dennoch schickte ich meiner Frau eine E-Mail mit dem kostbaren Anhang, verbunden mit der Bitte, hier einmal rein zu lesen, wohl wissend, dass es auch sie in den Bann ziehen wird. Denn als Leser bekomme ich den Eindruck, dass Sarahs Reise mit all den Strapazen für mich durchlitten, alle Tränen für mich geweint wurden, damit die Erkenntnisse daraus mit mir geteilt werden können.

Aus Sarahs Erlebnissen leitet sie fürsorglich griffige Weisheiten ab, die auch mich zur Veränderung hin zu mir selbst auffordern. Niemand kann all das Noch mal erleben, durchdenken und erfahren, was Sarah bereits getan hat. Das ist auch gar nicht nötig. Denn man kann davon zehren, wie Sarah uns Anteil gibt, und das in das eigene Leben transportieren. Sie erzählt von sich und ich verändere mich und mein Leben. Ihre Wortwahl ist dabei so bildlich, dass ich meine, mit ihr und ihrer Familie in Äthiopien gewesen zu sein. Und trotz der unsicheren Zukunft, die vor ihr liegt, nimmt Sarah Zukunftsangst und macht Mut, Schritte an dem Ort zu gehen, an dem man selbst gerade steht. Auch wenn man vielleicht gar nicht stehen kann.

Gnadenlos und doch ehrlich.
Ratschläge und doch keine Schläge.
Radikal und doch sanft-liebevoll.
Herausfordernd und doch beschenkend.
Unverblümt und doch voller Duft.

Es ist mir eine so große Freude und Ehre, dieses Buch bevorworten zu dürfen. Dieses Buch, das so viel mehr ist als ein weiteres Stück geistreicher Literatur, sondern ein kostbarer Überlebensschatz.

Auch daher möchte ich mir nicht anmaßen dieses Vorwort mit meinen eigenen Worten zu beenden. Sondern ich möchte als eine Art Teaser mit ein paar Zeilen schließen, die ihr in diesem Buch finden könnt. Worte, die mich ganz persönlich angesprochen und nachhaltig berührt haben:

„Solange unsere Füße diesen Erdboden berühren, sind wir alle auf der Reise. Solange wir hier einen Schritt vor den anderen setzen, sind wir nicht in unserer Heimat angekommen. Und seitdem Menschen auf dieser Erde leben, suchen sie nach einem Frieden, den diese Welt nicht geben kann. Wenn alle nach etwas suchen und niemand es dort findet, wo alle suchen, müssen wir uns vielleicht an neue Orte begeben. Vielleicht sogar, ohne unsere Füße an einen neuen Ort zu bewegen."

Danke, Sarah!
Und, liebe Leute, gute Reise.

Euer Samuel Koch

Prolog

Weit weg zu mir zurück

PROLOG

Mein Sohn kuschelt sich niedlich an mich. Davor hat er mich brutal geweckt, indem er zuerst unaufhörlich nach mir gerufen hat, und dann, nachdem ich ihn schlaftrunken in mein Bett getragen habe, ganz selbstverständlich seine kalten Füße zwischen meine wärmenden Oberschenkel gesteckt hat. Nenne es wie du willst, niedlich oder brutal – im Endeffekt bin ich wach. Ich liege noch eine Weile im Bett, als ich die Vögel vor meinem Fenster singen höre und spüre, wie die Sonne sich langsam Bahn bricht.

Ich stehe also auf, noch unsicher, ob das eine gute Idee ist, freue mich, als ich sehe, dass wir Strom haben – bitte entschuldige, falls ich diese Kleinigkeit immer wieder erwähne –, und schmeiße die Mühle für den Kaffee an.

Wie alles dauert auch die Kaffeezubereitung hier länger als in Deutschland: Erst mal die Gasleitung anstellen, den Kaffee mahlen, Wasser auf dem Herd aufkochen ...

Ich habe also Zeit, aus dem Fenster zu sehen. Der Regen der letzten Wochen hat unseren Garten zu einer Oase im Dschungel gemacht und es hängt noch Nebel in der Luft, über dem Rasen und zwischen den Bäumen dahinter. Dort geht die Sonne langsam auf und eine kleine Gruppe Ibisse zieht ihre ersten Runden vor dem Morgenhimmel.

Und ich bin voller Wunder. Stehe wie angewurzelt da beim Anblick dieser Vögel, die mittlerweile zu meinem Alltag gehören, wie in Hamburg die Möwen. Sie sind mir so bekannt, genau wie die Bäume und der Garten und das Warten auf den Kaffee. Und sie sind wunderschön.

Lange Zeit habe ich in Äthiopien nichts wunderschön gefunden. Weder die Ibisse noch die Bäume noch das Essen. Ich habe gewusst, dass man das alles schön finden könnte. Dass es rein theoretisch für viele Menschen ein Grund gewesen wäre, jeden Morgen vor Bewunderung am Fenster zu stehen. Doch nicht für mich. Denn ich habe getrauert. Ich habe um meine Freunde, meine Familie und meine Heimat geweint. Ich habe mein „Normal" vermisst.

Aber in dem Moment, als ich den Ibissen zuschaue, wie sie sich in die Lüfte erheben, ist es plötzlich da: mein Normal. Ich stehe am Fenster, mit dem Geruch von frisch gemahlenem, äthiopischem Kaffee in der Nase, und bin voller Frieden und Dankbarkeit. Und zum allerersten Mal denke ich den folgenden Satz: „Ist das schön. Ich bin so viel lieber hier als in Hamburg."

Plötzlich bin ich angekommen.

Es ist mir bewusst gewesen, dass nach der „Abenteuerphase" am Anfang unseres Weges ein Tief kommen würde, das man Kulturschock nennt. Und dass es danach wieder bergauf gehen würde. Nach dem Kulturschock bin ich langsam etwas optimistischer geworden. Doch beim Blick auf die „Kulturschock-Kurve" in meinen schlauen Büchern ist mir aufgefallen, dass die Aufwärtsbewegung nie wieder den hohen Punkt erreichen würde, wie ich ihn in der Abenteurerphase erlebt habe. Also bin ich der Überzeugung gewesen, dass ich mich hier nie wirklich wohlfühlen würde. „Es wird immer schlechter sein als am Anfang", habe ich, verschleiert durch meine Trauer, gedacht.

Doch das Gefühl, das sich in diesem Moment am Fenster einstellt, ist besser. Besser als Abenteuer und besser als Adrenalin. Mittlerweile kenne ich die Realität hier, kenne all die Dinge, die ich vermisse, kenne die Armut und die Probleme. Ich kenne das Gefühl fremd zu sein und es täglich zu spüren. Und dennoch bin ich glücklich. Denn das hier ist echt, geerdet und so langsam gewachsen, dass es auch Bestand haben kann.

Ich bin zuhause.

♦♦♦

Im ersten Jahr in Äthiopien reift in mir eine neue Definition von Heimat. Ich lerne, Heimat von zuhause zu unterscheiden. Und ich entdecke unter der Sehnsucht nach meinem zuhause, wo ich aufgewachsen bin, eine Sehnsucht nach einer Heimat, die kein äußerer Ort auf dieser Welt jemals stillen kann. Denn hier bin ich nicht daheim. Wir alle sind nur auf der Durchreise.

„Ja, solange wir noch in unserem irdischen Zelt wohnen, wo so vieles uns bedrückt, seufzen wir voll Sehnsucht"[1], lese ich in der Bibel und dieser Vers trifft genau den Nerv meiner Gefühle. Ich seufze und sehne mich, doch ich weiß auch – wenn ich ganz ehrlich zu mir bin –, dass dieses Seufzen auch in Hamburg, wo ich groß geworden bin, weitergehen würde.

Aus der Ferne denken wir manchmal, ein anderer Ort könnte uns glücklich machen. Der ferne Ort kommt uns wie eine Fata Morgana in der Wüste vor. Doch wenn wir dort ankommen, ist die Sehnsucht immer noch da und das vermutete Gefühl des Glücks oder Angekommen-Seins will sich einfach nicht einstellen. Denn da lockt schon wieder ein neuer Ort, zu dem es uns zieht. Und auch dorthin nehmen wir uns immer selbst mit, sodass wir gleich wieder weiterziehen wollen.

Sind wir vielleicht gar nicht auf der Suche nach einem Ort, sondern vielmehr auf der Flucht vor uns selbst?

„Und doch sind wir voller Zuversicht und unser größter Wunsch ist, das zuhause unseres irdischen Körpers verlassen zu dürfen und für immer daheim ... zu sein"[2], lese ich weiter und erkenne plötzlich: Ich bin am Ort der sich auflösenden Fata Morgana stehen geblieben. Und all die Enttäuschung, die Trauer und Aussichtslosigkeit sind über mich hereingebrochen. Dort habe ich in der Wüste gesessen und mit dem Fuß aufgestampft, innerlich getobt und hoffnungslos geweint. Aber ich bin nicht weitergegangen. Bin nicht losgezogen, um meine Sehnsucht und mein Bedürfnis nach Trost an einem anderen Ort zu stillen.

In diesem Moment, als ich den Bibelvers lese, wandert mein Blick endlich nach oben. Nachdem ich mich so lange umgeschaut und nach Antworten gesucht habe, die ich nirgends gefunden habe. Und dort oben entdecke ich meine Heimat. Einen ewigen Ort, nach dem ich mich tief in mir sehne. Den Ort, von dem ich komme und wo ich hingehöre – zu mir zurück. Einen Ort frei von Enttäuschungen und voll von Liebe. Und die sengende Hitze der Wüste wird auf einmal zu einer wohligen Wärme.

Dieser Ort, so entfernt und himmlisch verborgen er auch ist, lebt gleichzeitig in mir.

Den Frieden, die Hoffnung und das Glück dieses Ortes, kann ich überall mit hinnehmen. Ja, ich bin noch nicht dort. Ich habe hier noch Zeit, habe

Sehnsucht und seufze hin und wieder. Aber ich weiß jetzt, wo er ist. Er ist nicht hier und auch nicht dort drüben. Der Ort, nach dem sich alles in mir sehnt, existiert. Ich habe ihn gefunden, auch wenn ich noch nicht da bin. Er ist wunderschön. Und er ist meine wahre Heimat: der Himmel.

Und doch kann ich gleichzeitig im Sonnenaufgang die Ibisse fliegen sehen und erst einmal zuhause sein.

♦♦♦

Ich freue mich, dass du dieses Buch in den Händen hältst und bereit bist, mit mir auf eine Reise zu gehen. Zunächst ist es meine Reise. Und doch kann es auch deine Reise sein. Denn weit weg, in der Ferne Äthiopiens, kam ich mir wieder ganz nah. Ich entdeckte Orte in mir, die es vielleicht auch in dir gibt. Und auch dahin nehme ich dich gerne mit. Vielleicht wird dadurch dieses Buch auch zu deiner Reise – einer Reise zurück zu dir.

Das erhoffe ich mir und wünsche dir viel Freude beim Lesen!

Eins

Wie viel Angst darf Mut machen?

Wer ist wirklich mutig? Und wie viel Angst darf man haben, während man mutige Entscheidungen trifft? Einblicke in unsere Vorbereitungen, Ängste, Gebete, Außenwirkungen und wie es wirklich in mir aussah, als ich entschied, mit Kind und Kegel in ein Land zu ziehen, in dem ich noch nie zuvor gewesen war.

WIR SIND FAST DA

Vor mir schnarcht ein älterer, indisch aussehender Mann. Seine Hände liegen ruhend auf seinem runden Bauch, der sich unter seinen geräuschvollen Atemzügen hebt und senkt. Es ist 5 Uhr morgens. Alles ist dunkel und – abgesehen vom Schnarchen meines Vordermanns – still. Verschlafen richte ich mich auf. Meine Tochter liegt quer über dem Sitz neben mir. Rechts von mir sitzt mein Mann mit meinem Sohn auf seinem Schoß. Beide schlafen. Mein Blick fällt auf den Bildschirm vor mir: Wir überqueren in diesem Moment die Grenze zwischen Eritrea und Äthiopien. Wir sind fast da! Ich sehe durch das Fenster die Sonne gerade blutrot aufgehen und alles in wunderschönste Farben tauchen.

Ich schließe meine Augen. Um mich herum heilige, morgendliche Stille, nur leise klimpernd beginnt das Bordpersonal den Kaffee vorzubereiten. „Gott, wir haben das wirklich gemacht. Wir machen das. Wir sind fast da", bete ich innerlich. Ich habe das Gefühl, dass er lächelt. Er weiß so viel mehr als ich in diesem Moment. Er weiß, wo wir landen werden, wie es dort riecht, was die nächsten Tage passieren wird. Welche Tränen wir weinen werden und welche Feste wir feiern werden.

Ich hingegen weiß gar nichts. Nur, dass wir fast da sind. Und dass mein Herz klopft. Ich bin noch nie in diesem Land gewesen, in das wir uns gerufen fühlen. Habe noch nie einen äthiopischen Kaffee getrunken, noch nie äthiopische Luft geatmet. Ich kenne das Haus nicht, für das wir einen zwölfmonatigen Mietvertrag unterschrieben haben. Ich weiß nicht, wo wir heu-

Erinnerung an unsere
Ausreise

te unser Abendessen einkaufen werden. Ich kenne unsere Nachbarn nicht – nur die einen per E-Mail. Ich weiß noch nicht mal, wer uns da gleich vom Flughafen abholen wird.

Meine Knie zittern vor Mut. Wir machen das wirklich.

Als ich fünfzehn war, liebte ich es, Filme über Afrika zu sehen. Noch lange vor Netflix und Amazon Prime trugen mich meine Beine immer wieder in die Videothek, wo ich nach Filmen wie Wüstenblume, Tsotsi, Jenseits von Afrika und Der ewige Gärtner suchte. Ich las Bücher über Mandela und andere Helden und Heldinnen, die für Freiheit und Gerechtigkeit einstanden. Und ich sehe mich noch, wie ich als Teenagermädchen auf meinem Bett saß und Träne um Träne über die Ungerechtigkeit und das Leid vergoss. Mein Gerechtigkeitssinn konnte und wollte nicht akzeptieren, dass es da einen Teil der Welt gab – den ich ja abgesehen von den Filmen nie zuvor gesehen hatte –, in dem das Leben so anders, so ungerecht mit einigen Menschen spielte.

Natürlich waren diese Filme plakativ und aus heutiger Sicht größtenteils stigmatisierend. Trotzdem: Sie pflanzten einen Samen in mein Herz. Eine Sehnsucht, die Menschen dort zu unterstützen.

Nach dem Abitur verbrachte ich ein Jahr in Uganda. Ein Jahr, in dem ich der Ungerechtigkeit dieses Planeten und Gott ganz persönlich begegnete. Ein Jahr, das mich für immer veränderte, aber in dem ich selbst wenig veränderte – denn wenn wir ehrlich sind, sind diese Freiwilligendienste vor allem Dienste an den Freiwilligen und nicht an den Menschen vor Ort. Bis ich das reflektierte, sollten allerdings noch ein paar Jahre vergehen. Zunächst einmal wollte ich nicht weg aus Uganda. Hier – dachte ich zumindest – konnte ich etwas bewegen und einen Unterschied machen. Doch erst einmal ging es für mich wieder zurück nach Deutschland. Ich begann mein Studium in England, lernte, wurde erwachsen und heiratete schließlich.

Meinen Mann Babak lernte ich im Gemeindepraktikum meines Theologiestudiums kennen. Er war ein zunächst distanzierter, iranischer und zielorientierter Mann im Vikariat. Wir beide liebten Jesus, die Arbeit in der Gemeinde und die Jugendlichen. Irgendwann, als die aus Vorsicht bewusst gewählte Distanz abnahm, begannen wir auch einander zu lieben.

Vor unserer Hochzeit sprachen wir darüber, dass wir beide uns vorstellen könnten, auch eine Zeit im Ausland zu leben. Dass wir uns sogar dazu berufen fühlten. Mein Herz wollte schon fröhlich im Beat der ugandesischen Trommeln hüpfen, als folgende Worte seinen Mund verließen: „Aber Afrika hat mich nie gereizt. Da will ich nicht hin." Meine Entscheidung für ihn fiel trotzdem und ich schloss das Kapitel Afrika innerlich ab. Ich war ja bereits dort gewesen.

Also heirateten wir und arbeiteten weiter in der Gemeinde, in der wir uns kennengelernt hatten. Wir stritten und liebten uns, bekamen einen Sohn und ziemlich schnell danach unsere Tochter. Nun waren wir eine Hamburger Pastorenfamilie mit multikulturellem Hintergrund: Familie Keshtkaran. Und es hätte ewig so weitergehen können.

Irgendwann wurde aber ein Wunsch in uns wach: Wir wollten noch mal ins Ausland gehen, solange die Kinder klein waren. Vielleicht nach Florida? Hawaii? New York? Noch mal ein Abenteuer erleben und gemeinsam die Welt sehen. Am liebsten dort, wo das Leben schön ist, die Sonne scheint und wir noch mal jung sind.

Unsere Leiter unterstützen uns und alles schien perfekt zu passen. Zwei Jahre Auslandspraktikum und dann zurück und in Hamburg Gemeinde gründen – so war der Plan. Wir hatten Angebote aus den USA und waren kurz davor, eine Entscheidung zu treffen, als mein Mann mich eines Tages von einer Konferenz anrief: „Du Sarah, ich glaube wir sollen nach Afrika." Er wurde spezifischer und redete von Äthiopien. Und ich traute meinen Ohren nicht.

Der dumpfe Beat der Trommeln in meinem Herzen war längst verhallt. Ich war doch aus dieser jugendlichen Leidenschaft für den afrikanischen Kontinent längst rausgewachsen. Dieses Kapitel war schon lange abgeschlossen – ich hatte schließlich zwei kleine Kinder! Was für eine verrückte Idee!

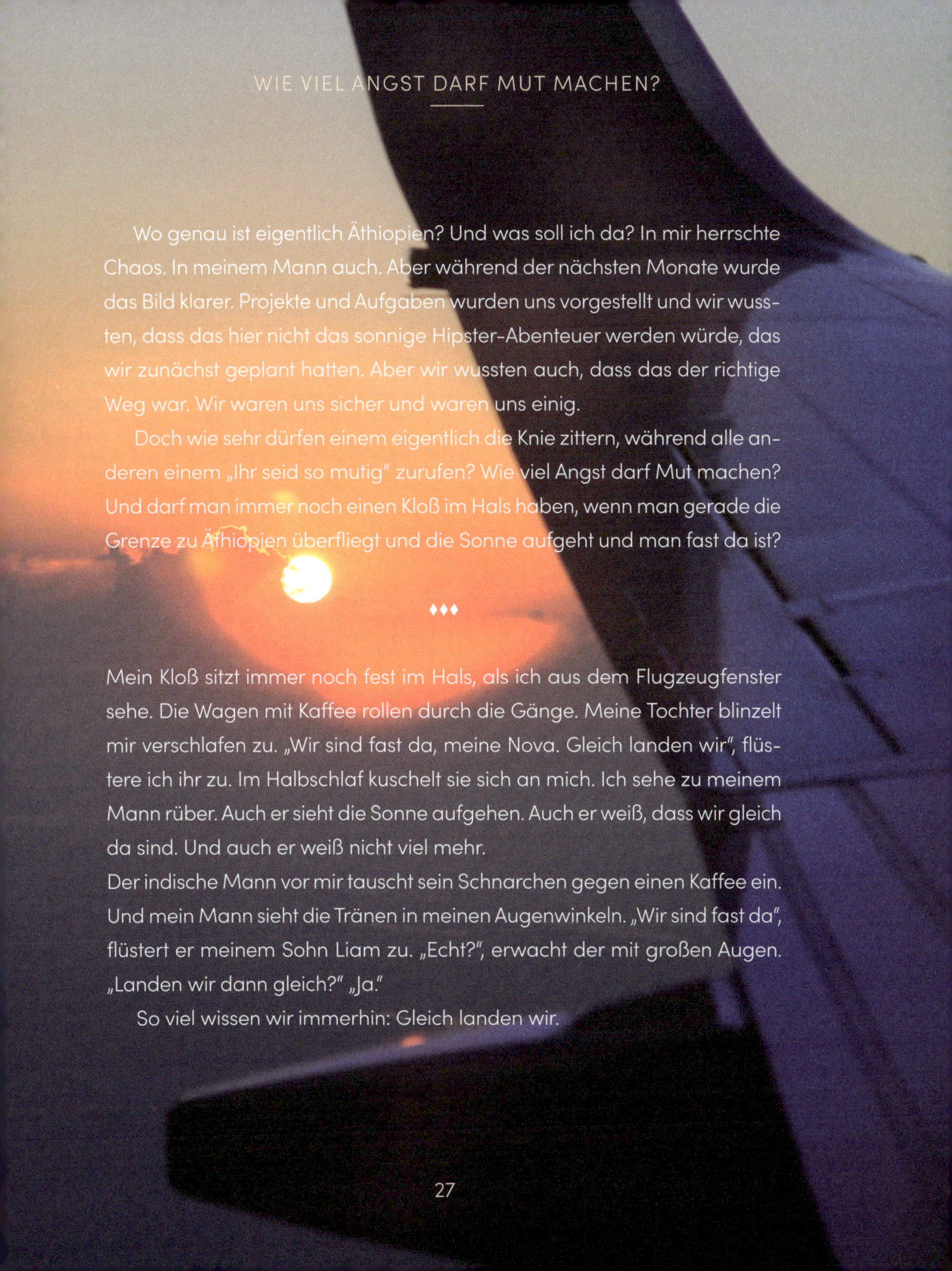

Wo genau ist eigentlich Äthiopien? Und was soll ich da? In mir herrschte Chaos. In meinem Mann auch. Aber während der nächsten Monate wurde das Bild klarer. Projekte und Aufgaben wurden uns vorgestellt und wir wussten, dass das hier nicht das sonnige Hipster-Abenteuer werden würde, das wir zunächst geplant hatten. Aber wir wussten auch, dass das der richtige Weg war. Wir waren uns sicher und waren uns einig.

Doch wie sehr dürfen einem eigentlich die Knie zittern, während alle anderen einem „Ihr seid so mutig" zurufen? Wie viel Angst darf Mut machen? Und darf man immer noch einen Kloß im Hals haben, wenn man gerade die Grenze zu Äthiopien überfliegt und die Sonne aufgeht und man fast da ist?

♦♦♦

Mein Kloß sitzt immer noch fest im Hals, als ich aus dem Flugzeugfenster sehe. Die Wagen mit Kaffee rollen durch die Gänge. Meine Tochter blinzelt mir verschlafen zu. „Wir sind fast da, meine Nova. Gleich landen wir", flüstere ich ihr zu. Im Halbschlaf kuschelt sie sich an mich. Ich sehe zu meinem Mann rüber. Auch er sieht die Sonne aufgehen. Auch er weiß, dass wir gleich da sind. Und auch er weiß nicht viel mehr.

Der indische Mann vor mir tauscht sein Schnarchen gegen einen Kaffee ein. Und mein Mann sieht die Tränen in meinen Augenwinkeln. „Wir sind fast da", flüstert er meinem Sohn Liam zu. „Echt?", erwacht der mit großen Augen. „Landen wir dann gleich?" „Ja."

So viel wissen wir immerhin: Gleich landen wir.

DER MUT STECKT IM DETAIL

Der Weg bis zu diesem Morgen, an dem wir in Äthiopien landen, ist lang gewesen. Als wir uns im September 2017 entschieden hatten, dass wir nach Äthiopien ziehen wollen, dachten wir zunächst an Abenteuer, gepackte Koffer und Reisepläne. Vor unserem inneren Auge erschienen Bilder von Familien auf Kofferbergen am Flughafen oder von Landcruisern, die sich durch den Dschungel und die Wüste schieben. Wir sahen Backpacker mit Rucksäcken und Koffer voller Sommerkleidung.

Doch wir waren keine Backpacker oder Abenteuerurlauber. Was wir in Wirklichkeit zu sehen bekamen, war jede Menge bürokratischer Papierkram, Broschüren über Impfungen im Ausland und Versicherungen, die diese Impfungen bezahlen würden. Wir mussten uns mit Abrechnungen, Verträgen und potenziellen Sendeorganisationen herumschlagen und wälzten Bücher wie Familien im interkulturellen Dienst.

Neben Texten über den Aufbau eines Spenderkreises studierten wir das 250 Buchstaben reiche amharische Alphabet und besuchten Seminare zum sicheren Verhalten in Kidnapping-Situationen. All das war teilweise aufregend, doch vor allem sehr kräftezehrend und hatte kein bisschen etwas von der romantischen Vorstellung, die wir anfangs gehabt hatten.

Als wir noch unser „normales" Leben gelebt haben, hatten wir keine Vorstellung davon gehabt, wie viele Dinge es vorzubereiten und zu organisieren geben würde. Unser Umfeld fragte uns mit der gleichen Ahnungslosigkeit in den Monaten vor der Ausreise, was wir denn bis zur Ausreise tun müssten und wie es uns dabei ginge. Die letzte Frage hätten wir eh nicht beantworten können.

Erstaunlicherweise weinte ich zum Abschied keine einzige Träne. Ich hatte nur meine Kinder im Blick und dass es ihnen gut ging. All die Listen in meinem Kopf, die Flugtickets in der Hand und der Stress in meinem Blut sorgten dafür, dass meine Gefühle erst mal in meinem Herzen verschlossen blieben.

Auch auf die Frage, was wir denn den ganzen Tag bis dahin so machten, hatte ich keine einfache Antwort. Denn wir waren die ganze Zeit beschäftigt. Es war neu für uns, dass Arbeit und Privates nicht mehr getrennt waren.

Mittlerweile ist das für uns Normalität. Damals, ganz am Anfang, fragte ich mich, als ich mit den Kindern eines Tages im Tropeninstitut saß: „Ist das jetzt Freizeit oder Arbeit? Was ist hier Ehrenamt und was verstehe ich als Arbeitszeit?"

Mein Leben ließ sich plötzlich nicht mehr eindeutig in private und berufliche Bereiche einteilen. Ich war auf dem Weg, mein privates Leben aufzugeben. In die Hände von dem, dem es egal ist, welche Farbe der Termin bei Outlook hat, solange dieser aus Liebe geschieht.

Doch weil es eben so viel gab, was wir vor unserer Auswanderung vorbereiten und berücksichtigen mussten, kommt hier eine höchstwahrscheinlich unvollständige Liste der To-dos. Vielleicht auch als Entschuldigung für alle diejenigen, denen ich damals nur ein verwirrtes „Ach, alles Mögliche" antworten konnte.

EIN EINBLICK IN UNSERE TO-DO-LISTE VOR DER AUSREISE

- Sendeorganisationen googeln
- Googeln, ob man auch ohne Sendeorganisation ausreisen kann
- Sendeorganisationen kontaktieren
- Termine und Treffen mit unterschiedlichen Leitern solcher Organisationen vereinbaren
- Termine wieder verschieben
- Uns fragen, ob wir das wirklich wollen
- Angst haben
- Mut zusammennehmen
- Leiter treffen und aufgeregt vor sich hin stammeln
- Sich fragen: Wer bewirbt sich hier eigentlich bei wem?
- Vor- und Nachteile der Angebote abwägen
- Noch mal überlegen, ob es wirklich nicht ohne geht
- Keine Ahnung haben, für welche wir uns entscheiden sollen
- Merken, wie wenig wir wissen, was in unserem neuen Leben wichtig sein wird
- Angst haben und Mut zusammennehmen
- Eine Entscheidung treffen und hoffen, dass es eine gute ist
- Allen anderen absagen

- Den Job zur richtigen Zeit kündigen
- Den zweiten Job auch kündigen
- Sich fragen, wo man jetzt Steuern zahlt
- „Äthiopisches Steuer-system" googeln
- Nichts finden
- Beten
- Steuerberater fragen und merken, dass es niemand weiß
- Familien ausfindig machen, die schon hinter sich haben, was wir vorhaben
- Diesen Familien all unsere Fragen stellen und zum ersten Mal konkrete Antworten bekommen
- Denken: „Das schaffen wir!"
- Einen Amharisch-Kurs an der Uni Hamburg entdecken
- Uns einschreiben
- Dreimal die Woche Amharisch-Unterricht haben
- Verzweifeln
- Denken: „Wie sollen wir das jemals schaffen?"
- Angst haben
- Beten
- Mut schöpfen
- Bemerken, dass wir in Äthiopien ein komplettes Haus möblieren und einrichten müssen und

gar kein Geld haben
- Merken, dass in Äthiopien alles teurer ist als hier – und wir gar kein Geld haben
- Unsere Wohnung schon ein Jahr früher kündigen und zu meinen Eltern ziehen
- Dankbar sein, dass das geht und dankbar für das Geld, das wir sparen
- Amharisch lernen
- Realisieren, dass wir zwar einen Arbeitsvertrag haben, aber unser Spendenkonto, von dem das Gehalt gezahlt werden soll, noch komplett leer ist
- „Fundraising" googeln
- Fundraising Bücher lesen und denken: „Das mache ich niemals: Meine Freunde und Familie nach Geld fragen!"

- Angst haben
- Beten
- Mut schöpfen
- Freunde und Familie, Freunde von Freunden, Bekannte und Gemeinden nach Geld fragen
- Leiter treffen und Ziele besprechen
- Amharisch lernen
- Leiter in Finnland treffen
- Leiter in Süddeutschland treffen
- Mit Partnern in Äthiopien E-Mails schreiben
- Mit zukünftigen Kollegen in Äthiopien E-Mails schreiben
- Skype-Meetings
- Termine im Tropeninstitut machen
- Endlos lange Liste von Krankheiten, Prophylaxen und Impfungen studieren

- Uns allen Impfungen verpassen und es danach infrage stellen
- Mich selber dafür hassen, dass ich meinen Kindern das antue
- Mit den Kindern in den Zoo gehen, weil sie das geschafft haben
- Uns fragen: „Hätten wir das auch gemacht, wenn wir all das hier vorher gewusst hätten?"
- Aufhören zu fragen, denn nun sind wir ja immerhin alle geimpft und die Verträge sind unterschrieben. Nur das Spendenkonto ...
- Die Kinder zu den Großeltern fahren und ein Wochenende lang als Ehepaar alle anrufen, die uns noch einfallen, und fragen, ob sie Teil des Spenderkreises werden wollen
- Vor jedem Anruf Herzklopfen haben
- Am Ende des Wochenendes allen Stolz und Hoffnung auf Wohlstand an Gott abgegeben haben und uns dankbar in die Augen sehen: 80 Prozent des Bedarfs sind gedeckt. Wir können ausreisen!
- Vor Erleichterung weinen
- Amharisch lernen
- Häuser und Wohnungen in Addis Abeba googeln
- Ein Angebot von einem Traumhaus zugeschickt bekommen – mit dem Hinweis, es gäbe viele Bewerber
- Sich bewerben, genommen werden, Mietvertrag un-

terschreiben. Für 12 Monate, nachdem wir nur 5 Fotos gesehen haben
- Uns fragen, ob wir verrückt sind
- Die Frage mit „Ja, und wenn schon" beantworten.
- Speditionen, Fluggesellschaften etc. kontaktieren wegen Luftfracht und Containern
- Entscheiden, nur Koffer und eine Luftfrachtkiste mitzunehmen
- Koffer kaufen. Viele.
- Ausmisten, bei E-Bay verkaufen, verschenken
- Packlisten schreiben, durchstreichen und weiterschreiben
- Koffer und Kisten packen
- „Passt ein Laufrad in einen Koffer?" googeln
- Kinderbücher über Afrika suchen und nicht viel Gutes finden
- Excel-Listen über Newsletter-Abonnenten und Spender pflegen
- DSGVO-genervt-sein
- Erste Rundbriefe schreiben
- Abschiedspartys organisieren
- E-Mails nach Äthiopien, Finnland und Süddeutschland schreiben, um herauszufinden, was wir für unser Visum brauchen
- Googeln, was der Unterschied zwischen einer Beglaubigung und Überbeglaubigung ist
- Dokumente zusammensuchen
- Das alles wieder hassen
- Entsendungsverträge un-

terschreiben und Drei-Parteien-Verträge aufsetzen
- Dokumente vom Notar beglaubigen lassen
- Dokumente übersetzen lassen
- Einen vereidigten Notar finden, der Dokumente von Persisch auf Englisch übersetzt
- Übersetzungen beglaubigen lassen – oder war es überbeglaubigen?
- Die Dokumente aus aller Herren Länder beim Notar gefühlt über-über-über-beglaubigen lassen und mit unzähligen Stempeln übersäen lassen
- Nach Berlin zur Botschaft fahren
- Noch mal nach Berlin fahren
- Und noch mal
- Amharisch lernen, Angst haben, Mut schöpfen, den nächsten Schritt wagen …

All diese vielen To-dos hatten zwei Dinge gemeinsam: Sie waren komplettes Neuland für uns und sie führten allesamt ins Ungewisse. Vorbereitung bedeutet eben auch, dass es noch die Zeit ist, bevor etwas wirklich beginnt.

Wir riefen bei Fluggesellschaften an und sagten: „Wir brauchen einen One-Way-Flug nach Äthiopien." Dabei wussten wir noch gar nicht, ob wir dort ein Dach über dem Kopf haben würden. Wir sprachen mit potenziellen Spendern über „unser Projekt in Äthiopien", wissend, dass es dieses Projekt niemals geben würde, wenn es nicht noch ein paar Hundert mehr Menschen gäbe, die uns unterstützten.

Du musst nicht die eine große Entscheidung treffen, sondern die vielen, einzelnen, täglichen Entscheidungen.

Obwohl wir noch keinen Arbeitsvertrag unterschrieben hatten, hatten wir bereits den Mietvertrag unterzeichnet. Wir lernten die Sprache, obwohl wir noch nicht wussten, ob das alles klappen würde. Ohne Vorstellung davon, wie unsere zukünftigen Tätigkeiten aussehen würden, kündigten wir unsere Jobs. Alles lief parallel ab und uns war nur klar, dass alle Fäden bis zum 27. November 2018 irgendwie zusammenkommen mussten. Es mussten nicht nur einige dieser Arbeitsfelder erfolgreich sein, sondern alle. Alles müsste gleichzeitig klappen, damit unser ganzes Vorhaben funktionieren würde.

Wenn das so sein würde, hätten wir die Gewissheit, dass der Gott, der uns sendet, mit uns ist. Doch jeder dieser Schritte kostete so viel Mut. Es waren zwar Schritte in die richtige Richtung, doch wir fühlten uns, als gingen wir durch einen Nebel der Ungewissheit. Schritt für Schritt, To-do für To-do, gingen wir auf etwas zu, von dem wir nicht genau wussten, wie es sein würde und ob es tatsächlich funktionieren würde. Es war nicht die eine große Sache, die uns Mut kostete. Denn Auswandern, das macht man nicht an einem Tag. Auswandern macht man an vielen, vielen Hundert Tagen. Und Auswandern tut man nicht mit einem achtstündigen Flug zu einem anderen Kontinent. Auswandern kann man heute wie vor hundert Jahren nur in vielen, vielen kleinen Schritten. Und diese lange Zeit auszuhalten und immer wieder nur kleine Schritte zu tun, das hat mich so viel mehr Mut gekostet, als an dem einen Tag ins Flugzeug zu steigen

Aber macht man überhaupt irgendetwas an einem Tag? Und kann man überhaupt irgendwo hinkommen, ohne viele kleine Schritte zu gehen?

Viele von uns sehnen sich nach einem abenteuerlichen, mutigen Leben. Einem Leben, das einen Unterschied macht. Geht es dir auch so? Und bleibt dann doch immer wieder alles beim Alten?

Um ein solches Leben zu leben, muss man anders leben als die Mehrheit. Vielleicht hilft dir der Gedanke, dass es dein Leben ist. Du triffst die Entscheidungen, nicht die anderen. Und du musst nicht die eine große Entscheidung treffen, sondern die vielen, einzelnen, täglichen Entscheidungen.

Ich glaube, es ist von großer Bedeutung, sich vor Augen zu halten, dass dieses Leben, von dem du träumst, nicht der eine große Schritt ist. Egal, welcher Traum es ist: Es ist nicht die eine Entscheidung, die eines Tages wie ein großer Knall über dich hereinbricht und plötzlich ist alles anders.

Nein, es sind viele, einzelne, oft trivial erscheinende Schritte. An manchen Tagen spürst du, dass etwas Neues anbricht, die Leidenschaft packt dich und du weißt, dass gerade etwas Entscheidendes passiert. Und an vielen Tagen setzt du einfach einen Fuß vor den nächsten und tust das Nächst-Richtige.

Das erfordert Durchhaltevermögen und eine klare Richtung. Und dann gibt es Tage, an denen du gar nicht weißt, was du da eigentlich tust. Ob

du nicht vollkommen übergeschnappt bist. Du fragst dich, ob du dir vielleicht viel zu viel vorgenommen hast. Du fragst dich heimlich, wie du deinen Freunden und deiner Familie dein Scheitern erklären wirst. Und dann tust du doch den nächsten Schritt.

Vielleicht ist es eine E-Mail, vielleicht ein Telefonat, ein Behördengang, eine Überweisung, ein Gebet. Und genau darin liegt der Mut. An diesen Tagen, an denen sich dir die Angst in den Weg stellen will und du trotzdem weitergehst, bist du wirklich mutig. Deine mutigen Schritte sind in der Ewigkeit festgehalten. Diese Schritte sind es, die die tiefsten Spuren hinterlassen. Vielleicht nicht in der Weltgeschichte, aber in deinem Herzen und deinem Leben.

Afar mit ihren Kamelen in der Danakil-Region

EHRE WEM EHRE GEBÜHRT

Und warum seid ihr ausgerechnet nach Äthiopien gegangen?", werde ich immer wieder gefragt. Und je nachdem, in welcher Beziehung ich zum Fragenden stehe, gebe ich eine meiner zurechtgelegten Antworten.

Fast Fremden antworte ich: „Du, das ist eine lange Geschichte, da kam eins zum anderen." Dabei hoffe ich, dass sich das Thema damit erledigt hat. Bekannten antworte ich: „Das erzähle ich dir mal in Ruhe" und nahestehenden Freunden erzähle ich auch mal – ganz selten – den ganzen Hintergrund unserer Ausreise.

Denn bisher war dieser Teil unseres Weges unser wohlgehütetes Geheimnis. Eigentlich wollte ich diesen Teil unserer Geschichte nicht schreiben. Es war unsere persönliche Begegnung mit Gott und irgendwie zu intim für die Öffentlichkeit. Vor allem, weil wir ja noch längst nicht „fertig" sind mit dem, was wir da machen und es vielleicht etwas großspurig klingt, wenn wir jetzt schon verkünden: „Gott hat gesagt ...!" Was, wenn am Ende alles schiefgeht? Haben wir uns dann geirrt oder uns verhört?

Immer wieder nur kleine Schritte tun zu können, hat mich so viel mehr Mut gekostet, als an dem einen Tag ins Flugzeug zu steigen.

Außerdem ist es unsere ganz persönliche Geschichte mit Gott. Und wir wollen gern vermeiden, dass es so klingt, als würde es immer so ablaufen. Als müsse es immer so ablaufen, bevor man so eine weitreichende Entscheidung trifft. Gott hat mit jedem Menschen seinen persönlichen Plan und er spricht auch auf ganz unterschiedliche Art und Weise zu jedem.

Wir hatten keinen Einfluss darauf, wie Gott zu uns gesprochen hat. Warum uns so etwas passiert ist, können wir auch nicht erklären. Es gibt schließlich Menschen, die sich vielleicht viel mehr nach solchen Gottesbegegnungen sehnen und ausstrecken als wir und so etwas nicht erleben. Das verstehen wir auch nicht.

Trotzdem erzähle ich euch jetzt diese Geschichte – natürlich in Absprache mit meinem Mann – denn es ist noch viel mehr seine Geschichte als meine.

Wenn wir Menschen von unserem Leben und unseren Plänen erzählten, ernteten wir teilweise völliges Unverständnis. Es äußerte sich meistens in kurzen Nachfragen in Bezug auf die Kinder: „Und das geht mit zwei kleinen Kindern? Na ja, das ist ja mutig." Dabei wollte der Tonfall wohl eher sagen: „Das ist aber verantwortungslos." Daraufhin wurde dann schnell das Thema gewechselt.

Doch viel häufiger reagierten Menschen mit absoluter Bewunderung. In ihren Augen bekamen wir etwas Heroisches und Heiliges. Wir erschienen wie die, die aus reiner Nächstenliebe alles aufgaben. Wie die Mutigen, die all ihre persönlichen Bedürfnisse hintenanstellten. Und jetzt erzähle ich euch die Geschichte, damit hier Ehre bekommt, wem Ehre gebührt: Gott allein. Denn wir wollten lieber nach Hawaii. Wir wollten jung und frei sein. Wir sind auch nur ganz normale Menschen.

♦♦♦

Als mein Mann auf eine Pastoren-Konferenz fuhr, hatte er eigentlich keine Lust auf noch eine Konferenz. Es gab viel zu tun und diese Tage waren wie eine Störung im Jugendpastoren-Arbeitsalltag. Außerdem wollten wir in diesen Tagen entscheiden, welches der Angebote aus den USA wir annehmen würden.

Doch er entschloss sich, zu der Konferenz zu fahren, und sagte sich, dass er dann endlich mal wieder Zeit zum Beten hätte – das sei ja wichtig vor so einer großen Entscheidung.

Eines Morgens auf der Konferenz betete er also im noch dunklen Zimmer mit runtergelassenen Rollladen. Er fragte sich und Gott, welches der Angebote wir annehmen sollten, als plötzlich – wie live – ein afrikanischer älterer Herr vor ihm stand und mit deutlichem Akzent sagte: „Come to Africa!", „Kommt nach Afrika!"

Babak war verwundert, verwirrt und konnte damit nichts anfangen. Hatte er sich das eingebildet? Ja, er wusste, dass Gott auch mit ihm persönlich redete. Er hatte das oft genug erlebt. Aber Afrika war ausgeschlossen und diese Begegnung war zwar komplett real und fühlte sich nicht nach einer Halluzination oder so an, aber sie war auch total realitätsfern.

Er sprach mit niemandem – auch nicht mit mir – darüber. Wie immer dachte er sich, dass Gottes Reden sich bestätigen würde, wenn er es wirklich gewesen war. Und heimlich hoffte er, dass er es nicht gewesen war.

Am nächsten Tag kam ein fremder Pastor, der Babaks Namen aus einer Gruppenzeit am Tag zuvor kannte, auf Babak zu. „Babak, ich weiß nicht, ob dir das etwas bedeutet, aber gestern, als wir in der Gruppe füreinander gebetet haben, habe ich dich vor meinem inneren Auge in einem dunklen Raum beten sehen. Du warst überrascht von der Stimme Gottes", sagte er und fuhr fort: „Ich meine, ich soll dir sagen: Das ist Gottes Weg für euch. Die Tür ist schon offen."

Mein Mund blieb auch eine Weile offen, als Babak mir einen Tag später davon erzählte. Ich wusste, dass das nicht Babaks eigene Idee gewesen sein konnte. Zudem gab es einen Ort in meiner Seele, der ganz genau wusste, dass das der richtige Weg war. Aber es gab auch meinen Verstand und meine Gefühle und die waren nicht so schnell zu überzeugen. Aber letztendlich dann doch.

Denn das ist der Grund, warum ich das hier nun doch teile. Auch gleich im ersten Kapitel. Wer würde nicht seinen Job kündigen und alles aufgeben, wenn der Himmel persönlich mit ihm gesprochen hat? Denn wenn Gott spricht, dann befiehlt er nicht nur etwas wie ein mächtiger König. Wenn Gott spricht, dann bewegt er auch etwas. Er bewegt etwas in uns. Und jedes Versprechen, das er gegeben hat, hat er gehalten. Das sahen wir daran, wie er jede Herausforderung, die sich uns in den Weg stellte, aus dem Weg geräumt hat. Jede Tür geöffnet. Wer würde da nicht gehen?

♦♦♦

Wir sind nicht die Helden, für die wir oft gehalten werden. Wir sind nicht so großzügig und selbstlos, wie man vielleicht im ersten Moment denkt. Und das ist mir sehr wichtig, deutlich zu machen: Das war nicht unsere Idee.

Wenn man etwas über uns sagen kann, dann, dass sich unser Mut aus Vertrauen speist. Vertrauen in den, der uns gesandt hat, der vor uns geht und seine Hand über uns hält. Und dieses Vertrauen ist stärker als die Angst. Wenn man etwas über uns sagen kann, dann, dass eine tiefe Gewissheit fest in unserer Seele verankert ist: Gott weiß besser, was gut für uns ist als wir selbst. Er schickt uns nicht, um uns zu ärgern, er schickt uns, weil es genau das Richtige für uns ist. Das Beste. Wenn er „Äthiopien" sagt, dann wäre jeder andere Ort zwar vielleicht sonnig, karibisch und würde gut auf Instagram aussehen, aber es wäre nicht unser Ort, nicht der richtige Ort. Für uns wäre niemand da gewesen, der die Türen vor uns aufgeschlossen hätte. Und dieser Frieden, der größer ist als alle Vernunft und Gefühle, würde vielleicht vergeblich in Äthiopien auf uns warten, während wir die Welt bereisen. Wer würde nicht dorthin gehen, wo dieser Frieden wartet? Wer würde lieber an einem anderen Ort sein?

Das ist vielleicht das wichtigste Kriterium echter Zufriedenheit. Vielleicht ist der Weg, auf dem wir zur richtigen Zeit am richtigen Ort sind, auch der Weg zu uns zurück.

Es gibt keine besseren und schlechteren Wege, keine tolleren Menschen, die nach Äthiopien ziehen, und weniger tolle Menschen, die in Deutschland bleiben.

Nein, diese Unterscheidung verfehlt das Ziel. Wie bei vielen Entscheidungen geht es auch hier nicht darum, ob sie gut oder schlecht sind, falsch oder richtig.

Bei vielen unserer Entscheidungen geht es darum, ob jetzt die richtige Zeit dafür ist: die göttliche Zeit dafür.

Vielleicht ist die Frage nicht, ob du eines Tages ein Buch schreibst, ins Ausland ziehst, heiratest, deinen Job wechselst, eine Firma gründest, eine Gemeinde baust oder Kinder bekommst. Vielleicht ist die wichtigere Frage, wann das passieren wird. Viele Träume und Wünsche offenbart Gott uns durch die Sehnsucht in unserem Herzen.

Oft muss er gar nicht laut und deutlich sprechen, weil sein Wille in uns so laut ist, dass wir ihn bereits kennen. Und dennoch ist es nicht unsere Aufgabe, diesen Willen auf Biegen und Brechen sofort umzusetzen. Wahrscheinlich steht nicht zur Diskussion, ob Gottes Pläne mit dir Wirklichkeit werden, sondern wann. Und solange du zur richtigen Zeit am richtigen Ort bist, kann sich seinen guten Plänen für dein Leben nichts in den Weg stellen. Und bis dahin ist es so viel wichtiger, herauszufinden, wer du bist, als wo du bist.

MUTIG MIT DEN KNIEN ZITTERN

Für uns war es an der Zeit, diesen Schritt zu gehen. Alle Ampeln standen auf Grün, alle Türen waren offen. Und dennoch mussten wir die Schritte selbst gehen. Die meisten mit zitternden Knien. Und du kannst mir glauben, nicht nur einmal habe ich mich gefragt, wie viel Angst Mut eigentlich machen darf.

In diesem ersten Jahr der Vorbereitung habe ich wohl keinen Satz so häufig gehört wie: „Ich bewundere deinen Mut." Den Mut, mit zwei kleinen Kindern nach Äthiopien zu ziehen. Den Mut, alles in Deutschland zu verkaufen. Den Mut, unsere Jobs zu kündigen und in ein Land zu ziehen, das wir nur aus Erzählungen kannten.

Wenn ich selbst an diese Entscheidungen zurückdenke, erinnere ich mich allerdings gar nicht so sehr an meinen Mut. Ich erinnere mich viel mehr an die Angst. An meine zitternden Knie und meine fragenden Gebete. Es ist nicht so, dass ich eine Frau ohne Angst bin, die keine Grenzen kennt und in jeder Herausforderung nur Chancen sieht. Nein, ich kenne die Angst sehr gut. Ich kenne die Sorgen und diese Ungewissheit, was die Zukunft bringt. Ich kenne die von Mascara verschmierten, feuchten Kissen und die ängstlichen Telefonate mit der brennenden Frage: Kann ich das meinen Kindern antun?

Ich erinnere mich, wie fest ich die Hand meines Mannes hielt, als wir aus dem Restaurant gingen, in dem uns gerade – von einem für mich wildfremden Mann – das Projekt vorgestellt worden war, für das wir heute arbeiten. Es war wesentlich langfristiger, größer, beängstigender, beeindruckender und großartiger, als wir es uns anfangs vorgestellt hatten. Aber wir sahen uns in die Augen und wussten: „Das ist es".

Mit zitternden Knien und einem Kloß in der Kehle hielten wir einander fest, als wir durch die Hamburger Sternschanze schlenderten. Ich war noch nie so ängstlich wie in diesem Moment – und noch nie so mutig. „Ja, das ist es. Auch wenn wir Angst haben." Und so hielten wir unsere Hände, in der Hoffnung unseren Herzen Halt zu geben. Irgendwie hatten wir auf dem ganzen Weg nach Äthiopien immer ein kleines bisschen mehr Mut, um uns trotz der Angst für das Risiko zu entscheiden. Ein kleines bisschen mehr Vertrauen in den, der auch mitten im Sturm auf uns wartet.

Und so denke ich, dass es keine Geschichte über Mut geben kann, wenn sie nicht auch von Angst handelt. Die Mutigen kennen häufig die Angst am besten. Denn Mut ist nicht die Abwesenheit von Angst, son-

„Mutig zu leben
bedeutet für mich,
die Angst zu kennen und
ihr doch nicht zu gehorchen,
sie zu tolerieren und
ihr doch immer wieder
den Rücken zu kehren."

dern das Überwinden der Angst. Mutig zu leben bedeutet für mich, die Angst zu kennen und ihr doch nicht zu gehorchen, sie zu tolerieren und ihr doch immer wieder den Rücken zu kehren. Mut bedeutet für mich, immer wieder meinen Blick von der Gefahr abzuwenden und auf die Hoffnung zu setzen.

Es gibt eine Geschichte vom Volk Israel in der Wüste, die mir deutlich macht, wie Mut konkret aussehen kann. Die Israeliten waren in der Wüste und hatten die Sklaverei hinter sich gelassen. Sie waren – auch wenn die Wüste kein besonders attraktiver Ort ist – jetzt immerhin an einem besseren Ort.

Eines Tages befielen Tausende Schlangen das Lager. Sie bissen die Menschen und viele starben. Das Volk schrie zu Gott um Hilfe.

Gott hörte sie und half. Aber er nahm die Schlangen nicht weg. Er mutete den Israeliten zu, eine Weile mit der Gefahr zu leben. Doch gleichzeitig sagte er: „Fertige eine Schlange an und befestige sie oben an einer Stange. Jeder, der sie anschaut, nachdem er gebissen wurde, wird am Leben bleiben" (4. Mose 21,8).

Was soll das? Warum das Spektakel? Konnte Gott nicht – in seiner Allmacht – einfach mal die Schlangen töten? Warum musste er jemanden losschicken, um eine Schlange aus Bronze zu basteln? Vielleicht wollte Gott zeigen, dass es etwas Wichtigeres gibt als die Abwesenheit von Angst und Gefahren. Vielleicht wollte Gott deutlich machen, wie Mut und Vertrauen praktisch aussehen. Und diese Erfahrung würde die Israeliten vielleicht so stark machen, wie mich das Vorbereitungsjahr stark gemacht hat. Nicht, weil ich keine Angst hatte, sondern, weil ich sie nicht pausenlos angebetet habe.

Nun, mit dieser bronzenen Schlange lag es nämlich in den Händen – beziehungsweise Blicken – der Israeliten, ob sie leben oder sterben würden. Wer nur die Schlange und die Bissspuren anstarrte, war verloren. Doch wer es wagte, die Augen von der offensichtlichen Gefahr zu lösen, seinen Blick vom Boden abwandte und mutig nach oben auf das Ende des Stabs mit der bronzenen Schlange blickte, der war gerettet.

Um von seiner Angst gerettet zu werden, muss man der Hoffnung mehr Aufmerksamkeit schenken als der Angst. Man muss sich bewusst fokussieren und entscheiden, ob nun Angst oder etwas Höheres die volle Aufmerksamkeit verdient.

Ja, Mut und Angst sind Gegensätze. Und doch kann das eine nicht ohne das andere existieren. Für mich gibt es einen Weg, der aus einer ängstlichen Sarah eine mutige macht: Dieser Weg heißt Vertrauen. Das Vertrauen, dass wenn ich meine Augen aufrichte, mein Blick auf etwas Höheres treffen wird. Jemanden Höheren. Der mich hält und dessen Allmacht so groß ist, dass er sogar mitten in der Gefahr selbst die Lösung ist. Mut ist nicht, keine Angst zu haben. Mut ist, trotz der Angst nach oben zu sehen.

*„Um von seiner **Angst***
gerettet zu werden,
*muss man der **Hoffnung***
*mehr **Aufmerksamkeit** schenken*
als der Angst.
Man muss sich bewusst
fokussieren und entscheiden,
ob nun Angst
*oder etwas **Höheres***
*die **volle Aufmerksamkeit***
verdient.“

Zwei

Durch die Wüste

Müssen sich die richtigen Entscheidungen immer ausnahmslos gut anfühlen? Ich verabschiedete mich von dem Gedanken, dass ich auf dieser Reise immer glücklich sein werde. Ich weinte, trauerte, haderte – und entdeckte, dass die innere Reise, auf der ich mich befinde, viel weitreichender sein würde als nur der Umzug auf einen anderen Kontinent. Denn was wäre, wenn die Freiheit darin liegt, zu akzeptieren, dass nicht alles, was schwer ist, falsch ist?

WILLKOMMEN IN DER WÜSTE

In Äthiopien angekommen, sollte ich das Vertrauen in Gottes Plan besonders im ersten Jahr immer und immer wieder benötigen. Würde ich so sehr vertrauen können, dass ich alles, was mir lieb war, loslassen konnte?

Ich habe dieses Kapitel „Durch die Wüste" genannt, denn es gab immer wieder Phasen in der Zeit unserer Vorbereitung und unseres Ankommens, in denen ich die Stille, Entbehrung und Leere der Wüste so deutlich zu spüren bekam, als wäre ich tatsächlich allein mitten in der Hitze und Einsamkeit dieses heißen Ortes. Es war wohl die schwerste Phase unserer Reise bisher, doch im Rückblick sehne ich mich nun oft nach diesen Tagen der absoluten Abhängigkeit, nach der Verletzlichkeit und Stille dieser Zeit. So schwer es auch war, so sehr war es auch die Zeit, die mich am meisten gelehrt, geprägt und geformt hat.

Tage und Wochen, die ich nie wieder erleben möchte und für die ich mich dennoch immer wieder entscheiden würde, weil sie im Rückblick so viel Gutes bewirkt haben.

HEIMWEH

Als man uns gesagt hat, dass es schwierig werden wird, habe ich unwissend genickt. Ohne eine Vorstellung, was genau das bedeutete. Schließlich war ich für alle möglichen Heldentaten bereit. Bereit, über meine Grenzen hinauszuwachsen und alles zu geben … Ach, ich hatte keine Ahnung!

Als man uns gesagt hatte, dass das schwierig werden wird, hatte ich unwissend genickt. Ohne eine Vorstellung, was genau das bedeutete.

Und dann war es so schwer. Nicht aufgrund eines Schicksalsschlages, einer Tragödie oder irgendeiner konkreten Katastrophe. Nein, das ganz normale Leben in Äthiopien war schwer für mich.

Ich trauerte um meinen Alltag in Deutschland: Einen Alltag als arbeitende, studierende Mutter, der mich erfüllt und den ich genossen hatte. Um die Jahreszeiten, die grünen Wälder, die Schwimmbäder, das leckere Essen, zartes Fleisch, gefüllte Supermarktregale, um Restaurants, in denen das gleiche Gericht jedes Mal gleich schmeckt. Und insgeheim darum, all das ohne Schuldgefühle weit weg von Armut genießen zu können. Ich trauerte um Feiertage mit der Familie, um meine Kirche und um meine Freunde. Um Menschen, die mich so gut kennen, dass sie keine Erklärungen brauchen. Und ganz tief unter der Oberfläche trauerte ich auch um die Anerkennung, die ich gewohnt war. Darum, in den Augen anderer jemand zu sein, mich zugehörig zu fühlen und Freude an meinem Job zu haben. Ich weinte um meine Normalität.

Denn in Äthiopien war ich nicht normal. Ich musste nur das Haus verlassen und sofort war es mir und allen um mich herum ebenfalls bewusst. Und sie verschwiegen es nicht.

Ich wurde mit „Hey you, Foreigny!" von wildfremden Leuten gegrüßt. Eltern schickten ihre Kinder zu mir, um mich nach Geld zu fragen. Und mein amharisches – an schlechten Tagen bissiges – „Ich bin nicht ‚you', ich habe einen Namen!" änderte an dieser Situation rein gar nichts.

„Ich bin hier fremd. Und solange ich hier bin, werde ich es bleiben", schrieb ich im Juli 2018 in mein Tagebuch. Diese harte Wahrheit hatte ich nun nach vier Monaten geschluckt. „Ich werde mich vielleicht irgendwann daran gewöhnen, fremd zu sein. Werde wahrscheinlich glücklich sein – auch als Fremde. Aber bis heute bin ich es noch nicht. Ich weine ständig", beendete ich meinen Eintrag.

WIE GOTT MICH AUSEINANDERNAHM

Auch wenn in Äthiopien plötzlich viele Dinge anders waren, war ich doch noch die Gleiche. Egal, wo man hingeht, man nimmt sich ja immer mit. Und eine meiner tief verwurzelten Eigenschaften ist, authentisch zu sein. Vor anderen und auch vor mir selbst. Deshalb konnte ich nicht verbergen, dass das, was nach außen wie ein Abenteuer aussah, einige Monate nach unserer Ankunft unheimlich schmerzhaft war. Und ich weigerte mich – besonders nach meiner Erkenntnis in meinem Tagebucheintrag vom Juli 2018 –, diesen Schmerz wegzudrücken und vor mir selbst und meinen guten Vorsätzen zu verstecken. Nein, ich würde jetzt Wege durch diesen Schmerz hindurchfinden müssen. Denn wenn ich nicht durch diesen Schmerz hindurchginge, könnte ich nur zurück nach Deutschland gehen. Und so weit hatte mich selbst der Schmerz noch nicht gebracht. Nein, das würde er nicht schaffen. Denn da war einer, der meinen Schmerz sah und genau wusste, wie er mir begegnen musste.

♦♦♦

An einem Nachmittag hatte ich meinem übermüdeten Sohn gesagt, er solle sich jetzt ins Bett legen und schlafen. Eventuell hatte ich auch hinzugefügt, dass seine Laune unerträglich war.

Daraufhin saß ich am Bett eines wütenden und schimpfenden, kleinen, aber sehr selbstbewussten Jungen, der mir Sätze wie „Nein, ich mache niemals, nie, was du sagst!" und „Ich will dich gar nicht mehr sehen!" entgegenbrüllte, bis er irgendwann schluchzend neben mir einschlief.

Als seine Augen zufielen, füllten sich meine mit Tränen. Ich war erschöpft vom Leben und von diesem Kampf mit meinem Sohn. Und ich war verzweifelt, denn er brauchte unbedingt diesen Schlaf, den er so sehr vermeiden wollte. „Warum fällt es dir so schwer, mir zu vertrauen?", flüsterte ich diesem unendlich geliebten, kleinen Menschen zu. Es war so schmerzhaft festzustellen, dass er nicht aufhören konnte zu denken, dass das, was er gerade dachte, besser für ihn sei. Obwohl ich doch das Beste für ihn wollte. Und da hörte ich es in meinem Herzen flüstern: „Genau wie du."

Genau wie ich. Ich wünschte mir ein Leben ohne Leid. Ich wollte nach Hause. Ich wünschte mir meine Ruhe, dass alles wieder normal war und dass diese ständigen Schuldgefühle aufhörten. Ich dachte, das wäre das Beste für mich. Doch der Gott, der mich liebt und mein Bestes im Sinn hat, hatte mich hierhergeführt. Warum fiel es mir so schwer, ihm zu vertrauen?

♦♦♦

Einige Tage später knete ich Pizzateig. Ich tue nichts anderes, als diesen Teig zu kneten: der Hefeduft in meiner Nase, die warme Masse in meinen Händen. Ich knete. Um mich herum ist es still. Normalerweise bin ich es gewohnt, Pizzateig schnell nebenbei zu machen. Während ich Podcasts höre, WhatsApp-Nachrichten beantworte, den Streit meiner Kinder schlichte und mit den Gedanken schon bei dem nächsten Punkt auf meiner To-do-Liste bin. Aber jetzt knete ich einfach in die Stille hinein. Denn es gibt kein nächstes To-do – zumindest keins, das eilt. Ich lebe mit dieser Stille, die sich wie eine Zumutung anfühlt. Oder überlebe ich nur?

„Jemand hat mich hierhergeführt. Er mutet mir ein Leben ohne meine Freunde zu. Und er meint es gut mit mir", knete ich in die Stille. Er mutet mir ein Leben weit weg von meiner Familie zu. Hier ist niemand, der mich kennt. Und die wenigsten verstehen mich. Und er meint es gut mit mir. Er mutet mir zu, meinen Job zu verlassen. Und er meint es gut mit mir. Hier in der Leere, die er mir zumutet.

Und vielleicht knete in diesem Moment nicht nur ich.

Hier werde ich geformt. Es ist still, leer und es ist Raum. Raum für die Tränen, die nun ohne Vorwurf und dennoch voller Schmerz meine Wangen hinunterlaufen. Ich bin hier in diesem Land, niemand hat mich hierher bestellt und ich bin einsam. Außerdem nehmen mir die Schuldgefühle jegliche Selbstgerechtigkeit oder das Gefühl hier besondere Heldentaten zu vollbringen. Ich bin in der Wüste angekommen. Mitten in der Küche mit den Händen im Pizzateig.

Nun kann ich mir die Frage stellen, wer ich eigentlich bin, wenn ich einsam bin und nichts tue. Und wenn ich an einem Tag nicht mehr leiste, als einen Teig zu kneten. Die Frage darf lange genug in diesem leeren Raum stehen, um auch eine Antwort zu bekommen. Denn keine WhatsApp-Nachricht oder geschäftige Gedanken können mich hier wieder rausholen.

Es ist still in mir, als es flüstert: „Mir musst du nichts beweisen." Und in die Leere fließt all die Liebe hinein, die mein lautes, volles Leben nicht aufsaugen kann. Diese Liebe finde ich in der Wüste und diese Liebe formt mich. Zu einer Sarah, die nichts mehr beweisen muss, die nichts mehr leisten muss. Einer Sarah, die kein Gegenüber braucht, um ihre innere Leere zu betäuben. Dort stehe ich und knete Teig. Und es ist gut so.

Frau verarbeitet Blätter vom Ensete-Baum für Koncho-Fladen

Jemand sagte mir einmal: „Kulturschock bedeutet, dass Gott dich auseinandernimmt und wieder neu zusammensetzt." Und damit meinte die Person vielleicht etwas Ähnliches wie meine Pizzateig-Erfahrung.

Wer hinterher nicht mehr derselbe ist, muss sich verändert haben. Und ja, ich wollte mich verändern lassen. Wollte mehr von dieser Liebe, mehr von dieser Zufriedenheit und mehr von diesen dunklen und ungesehenen Orten meiner Seele entdecken. Doch das ging nicht ohne Wachstumsschmerzen. Also ging ich weiter. Mitten durch die Wüste. Schritt für Schritt. Ich ließ die Tränen laufen. Schrie die Wut Gott entgegen. Aber ich ging. Und vielleicht ist der Mensch, der ich am Ende der Reise bin, es wert, diesen Weg immer wieder einzuschlagen.

Kulturschock bedeutet, dass Gott dich auseinandernimmt und wieder neu zusammensetzt.

”

Als ich mir eingestand, dass meine Situation für mich sehr schwierig war, fand ich auch Wege, mit meiner Trauer anders umzugehen, sodass sie mein Herz nicht mehr wie Ketten gefangen nehmen konnte.

Ich ließ jetzt nicht mehr zu, dass sie mich lähmen konnte. In Momenten der Trauer versuchte ich, mir einen Moment für mich zu nehmen, schloss meine Faust und begann erst etwas wütend und dann meist unter Tränen zu beten, was ich mir wünschte: „Ich wünschte, meine Freunde wären hier. Ich wünschte, es würde nicht nach Müll stinken. Ich wünschte ich könnte morgen ins Niendorfer Gehege gehen. Ich wünschte ich könnte meine Oma besuchen. Ich wünschte, das hier wäre nicht so schwer …"

Und dann weinte ich. Bis es rauskam. All die Traurigkeit und all die Last. Wenn ich bereit war, öffnete ich meine Faust und hielt es Gott hin. Ich ließ los. Und sagte: „Hier hast du es. Ich will es nicht mehr tragen. Deine Wege sind unergründlich und deine Pläne sind besser als meine. Nimm du mein Leben. Es gehört dir." Danach war mein Herz leichter. Alles um mich herum war wie vorher. Nur ich war es nicht mehr.

DU MUSST HIER NICHT GLÜCKLICH SEIN

Mein Mann und ich sprachen immer wieder offen über diese Wüstenzeiten. Manchmal eher scherzhaft, wenn es mal wieder keinen Strom gab: „In der Wüste gibt es auch keine Steckdosen." Und manchmal ganz ernsthaft. Dann fanden wir uns eher in den Wüsten-Geschichten Bibel wieder: die Herausforderung für die Israeliten, nur von Manna zu leben, zum Beispiel, oder Jesus, der in der Wüste versucht wurde, und Johannes der Täufer, der sich nur von Heuschrecken ernährte. Da lagen die Geschichten der großen Bibel-Helden, die Riesen besiegten und Mauern einstürzen ließen, eher fern. Eines Tages, als ich mich wieder einmal einsam und verlassen fühlte, dachte ich: „Wer sagt eigentlich, dass

„Und vielleicht ist
der Mensch,
der ich am Ende
der Reise bin,
es wert,
diesen Weg
immer wieder
einzuschlagen.“

man in der Wüste glücklich sein muss?" Niemand. Seitdem erlaubte ich mir diesen Ort unangenehm zu finden. Denn vielleicht muss man in der Wüste ja gar nicht glücklich sein?

Diese Wüste – unsere Wüste – war selbstverständlich kein sichtbarer Ort. Es mag zwar sein, dass es in Äthiopien heiße Wüsten, Kamele und endlose dürre Steppen gibt, doch wenn wir aus dem Fenster gesehen haben, war alles grün. Die Bananen hingen an den Bäumen, die Rosen sprossen überall und ringsherum standen Palmen und andere tropisch anmutende Bäume. Wir bewohnten fruchtbares Dschungelland, in dem sogar ich, als Anfängergärtnerin, deutsche Brombeeren züchten und Tomaten ernten konnte.

Levi Lusko, ein amerikanischer Prediger, sagte einmal, dass viele Menschen ihre Seele und Gedankenwelt wie eine verruchte Gegend oder ein Getto behandeln. Wir betreten sie niemals allein und unbewaffnet. Deshalb mögen wir es nicht, einsam zu sein, und können die Stille so schwer aushalten. Deshalb bewaffnen wir uns dann mit Smartphones, Kopfhörern, Musikabos und Netflix-Serien. Weil wir Angst vor dem haben, was in unserem Inneren auf uns wartet.

Aber ich bin in meiner Wüste gewesen, wurde praktisch hineingeleitet. Und ich habe „überlebt". Vielleicht bin ich in ihr erst wieder zum Leben erwacht.

Ich habe meine Wüste „überlebt".
Vielleicht bin ich in ihr sogar erst wieder
zum Leben erwacht.

Komm, ich nehme euch mit hinein! Ich zeige euch, wie es in meiner Wüste ausgesehen hat.

Meine Wüste war ein Ort in meinem Inneren. Dort, wo vorher meine Talente in voller Blüte gestanden hatten, waren jetzt nur noch verbrannte Baumstämme übrig.

Es gab eine Zeit, da lief alles wie geschmiert. Ich war zufrieden mit dem, was ich tat, war effektiv und erntete jede Menge Anerkennung. Das, was ich gelernt hatte – leiten, reden, schreiben –, konnte ich effektiv einsetzen. Ich fragte nicht täglich aktiv nach „Gottes Willen" oder irgendeinem nächsten Schritt.

Es ging für mich die Karriereleiter von einer kleinen Studentin zur Predigerin hoch, ich wurde Buchautorin in wenigen Jahren, es hagelte Instagram- und Blog-Follower und ein Schritt ergab den nächsten. Gott öffnete Tür um Tür und ich spazierte hindurch. Mein Leben war im Flow.

In meinem inneren Garten stellte ich mir Pflanzen vor, die meine Eigenschaften symbolisierten. Sie hatten schicke Schilder, auf denen in hochtrabenden Fremdsprachen und klug klingenden Worten beschrieben war, worum es sich hier handelte, was diese Pflanze alles konnte und wozu sie fähig war.

In Hamburg lebte ich in einem Umfeld von Familie und engen Freunden, die mich teilweise schon mein Leben lang kannten. Sie wussten, mit wem sie es zu tun hatten. Natürlich kannten sie auch meine Fehler. Doch gerade deshalb traten sie mit realistischen Erwartungen an mich heran. Die sprach niemand aus, weil wir uns eben kannten.

Die Menschen um mich herum waren mir vertraut und ich ihnen. Auch die in meinem weiteren Einflussbereich wussten, wer ich war. Sogar wildfremde Menschen auf Instagram und im Internet hatten eine vage Vorstellung davon, wer diese Sarah Keshtkaran ist, was sie kann und wofür sie steht.

In Äthiopien waren die Schilder an den Pflanzen in meinem Inneren nun teilweise durch die Hitze der Wüste so verkohlt, dass man sie nicht mehr erkennen konnte. Plötzlich traten Menschen in meinen verwüsteten Garten, die nicht einmal die Sprache auf meinen Schildern verstanden. Man kannte mich nicht. Man wusste nichts von Tausenden Instagram-Followern und einem hübschen deutschen Buch über die Zukunft von uns Frauen. Man wusste nichts von meinem Studium und von den Menschen, die mich in Deutschland bewunderten. Und man fragte auch nicht danach. Denn es interessierte diese Menschen nicht. Dort zählte eher, ob ich über Feuer Kaffee kochen konnte oder ein Hühnchen in die, für das Nationalgericht Doro Wet vorgegebenen 24 Teile, zerlegen konnte. Und nein, das konnte ich nicht. Ich wusste noch nicht einmal, ob es wirklich 24 Teile sind.

Man hatte keine oder andere Erwartungen an mich, war nicht auf meine Schwächen vorbereitet und kannte weder die Geschichte meiner Kindheit noch das Potenzial meiner Zukunft. Ich war „die Neue".

So sah es in meiner Wüste aus. Wo vorher alles in Blüte gestanden hatte, lagen jetzt Schutt und Asche. Es war heiß, man fand keinen Schutz vor der Sonne und auch nicht vor Regen. Ich fühlte mich nackt und konnte nichts verbergen. „Herzlich willkommen in meinem tollen, abenteuerlichen Leben", dachte ich.

Aber immerhin war es dort ehrlich. Echt. Das war ich. Das war ich ohne Erfolg, Anerkennung und Ruhm. Und manchmal tat es weh, mich anzuschauen. Was war bloß aus meinem Leben geworden? Es schmerzte, mich an all das zu erinnern, was mir genommen wurde. Oder eher, was ich abgegeben hatte? Es tat weh, wenn ich daran dachte, wie schön es war, so von all den äußeren Umständen getragen zu werden. Denn das war ich. Und das hatte sich nicht schlecht angefühlt. Aber das hier war auch ich – das hier war, was von mir überblieb, wenn man alle Umstände weggenommen hatte.

„Jesus, ich gebe dir alles, was ich habe" – gesungen habe ich das schon tausend Mal. Als ich auf weichen Polsterstühlen unter den Bose-Boxen der Lobpreis-Band gesessen hatte, habe ich nicht geahnt, wie viel von „alles" da noch übrig war. Und jetzt lernte ich hier, ohne alle diese Dinge durch diese Wüste zu gehen und trotzdem zu glauben, dass ich geliebt bin. So schutzlos, ruhmlos und ohne etwas vorweisen zu können.

Wir bekommen immer mal wieder E-Mails als Rückmeldungen auf unsere Rundbriefe. Letztens schrieb mir ein Mentor aus England, der einen Weg wie unseren Weg schon vor langer Zeit selbst gegangen war, Folgendes:

Erfolgsgeschichten und Errungenschaften deuten wir oft als Belohnung für unsere Taten. Wir verstehen sie im Zusammenhang unserer Umstände. Aber wenn wir in der Wüste keine Leistung und Errungenschaften vorzuweisen haben, verstehen unsere Seelen diese Worte neu:

„Du bist geliebt, weil du bist."

Niemand kennt dich und weiß, wie talentiert du bist. Niemand weiß, wie groß eure Führungsrolle in der Vergangenheit war. Also musst du dich auf Gott verlassen, um dir die Wahrheit darüber zu sagen, wer du bist. Das ist gut. Ich denke da an Jesus, als er zum ersten Mal auf der öffentlichen Bildfläche erschien, genau wie ihr, und niemand wusste, wer er war oder warum er dort war. Da tauchte der Vater auf und erklärte, dass dies sein geliebter Sohn sei, an dem er große Freude habe. Später, näher am Ende des öffentlichen Dienstes Jesu, tauchte der Vater wieder auf und erklärte dasselbe: „Das ist mein Sohn, den ich liebe, mit ihm bin ich sehr zufrieden. Hört auf Ihn!“

So habe ich diese Stelle noch nie gelesen. Und ich habe mich noch nie so verbunden mit ihr gefühlt. Ich schlug meine Bibel auf und las noch einmal: „Dies ist mein geliebter Sohn, an ihm habe ich große Freude“ (Matthäus 3,17). Und dann las ich den nächsten Satz: „Danach führte der Heilige Geist Jesus in die Wüste“ (Matthäus 4,1).

Es scheint ein Geheimnis zu geben, das sich nur in der Wüste erfahren lässt. Ich fragte mich, ob es zum besseren Verständnis dienen würde, wenn es heißen würde „Danach führte der Heilige Geist Jesus weiter in die Wüste“. Als ich die ganze Geschichte las, stellte ich fest, dass die Taufe und die Worte aus dem Himmel in der Wüste stattfanden. Denn Johannes lebte und taufte in der judäischen Wüste. In der Ruhe und Einsamkeit der Wüste werden die Worte laut, die die Seele hören muss: „Du bist geliebt!"

Wenn wir diese Worte mitten in unserem geschäftigen Alltag, zwischen Erfolgsgeschichten und Errungenschaften hören, deuten wir sie oft als Belohnung für unsere Taten. Wir verstehen sie im Zusammenhang unserer Umstände. Aber wenn wir in der Wüste keine Leistung und Errungenschaften vorzuweisen haben, verstehen unsere Seelen diese Worte neu: „Du bist geliebt, weil du bist. An dir habe ich Freude, weil du bist, nicht weil du etwas getan hast. Du bist geliebt – einfach so."

Dieses neue Verständnis führt zu echter Freude, zu echter Erfüllung. Henri Nouwen, ein niederländischer Priester, nennt es „die Freude am Leben, die daraus erwächst, nichts mehr zu verlieren zu haben"[3]. Man findet sie erst, wenn einen nichts mehr hält. Wenn man nichts mehr hat, was ihren Platz hätte einnehmen können.

Nein, man muss in der Wüste nicht glücklich sein. Aber was ist, wenn es doch möglich ist? Was, wenn du glücklich sein kannst, ohne dass ein äußerer Umstand dazu geführt hat? Vielleicht hast du dann das erste Mal echtes Glück gekostet. Ich weiß, obwohl diese Wüste schmerzhaft, unangenehm, manchmal gnadenlos ehrlich und demütigend war, war sie das Beste, was mir je passieren konnte. Sie zeigte mir, wer ich bin: schwach, schutzlos, unbekannt. Geliebt. Wenn ich das lerne, was kann mir im Leben noch passieren? Wenn ich in der Wüste glücklich bin, kann ich es doch überall sein.

Und ich ahnte, dass all die Asche eines Tages der Dünger sein wird für neue, frische Blätter, die meine Wüste wieder blühen lassen. Sie werden aus den gleichen Bäumen wachsen. Das werde immer noch ich sein. Aber sie werden neu, frisch, stärker und voller sein. Und ich würde sie nie blühen sehen, wäre ich nicht durch genau diese Wüste gegangen.

In der Ruhe und Einsamkeit der Wüste werden die Worte laut, die die Seele hören muss.

Dabei wird mir für immer bewusst sein, durch welchen schmerzhaften und aufreibenden Prozess sie so blühen konnten. Ich werde sie nicht für selbstverständlich nehmen. Die Stämme, die auch in der Wüste genug waren und dem Feuer standgehalten haben, werden mich auch in Zukunft tragen können. Ich werde nicht mehr sein, was ich leiste. Ich werde nicht davon abhängig sein, wer mich kennt und was die Menschen über mich denken und sagen. Ich werde einfach sein. Und das ist genug, um geliebt zu werden.

„Ich werde nicht davon abhängig sein, was die Menschen über mich denken und sagen. Ich werde einfach sein. Das ist genug, um geliebt zu werden."

ቤተ
ሊባኖስ
ቤተ
ሊባኖስ

ES MUSS NICHT FALSCH SEIN, WEIL ES HART IST

Vor einiger Zeit habe ich auf Instagram unter einem Bild gefragt, wie denn meine Follower so zu Gott stehen. Mich haben die Antworten total berührt, denn neben den – meiner ähnlichen – Aussagen, wie wichtig und gut Gott ist, haben auch einige geschrieben, dass sie aufgrund von Leid, schmerzhaften Erfahrungen und dem Tod geliebter Menschen mit Gott haderten. „Ich kann mir einfach nicht mehr vorstellen, dass es Gott gibt – sonst wäre das nicht passiert" oder „Ich vermute, dass es ihn gibt, aber mein Vertrauen ist so gebrochen, dass ich ihm einfach nicht mehr nah sein möchte" ist der Grundtenor der Zweifelnden gewesen.

Im Amharisch-Unterricht in Äthiopien sprachen wir mit einer Sprachlehrerin über die unterschiedlichen Frömmigkeitsstile von Äthiopiern und Europäern. Sie hatte durch ihren Beruf viele Ausländer kennengelernt und ihre Sicht auf die eigene Kultur und unsere war total spannend.

Ein Satz, den ich nicht vergessen kann, ist: „Wenigstens müssen wir nicht mit Gott kämpfen." Er bringt mich zum Nachdenken.

In Äthiopien glaubt jeder. Einige sind Muslime, die meisten sind Teil der äthiopisch-orthodoxen Kirche und einige sind freie Christen wie wir. Es gibt zwar Konflikte und sogar Kriege unter diesen unterschiedlichen Gruppen, aber mit Gott hadern dort wesentlich weniger Menschen als bei uns in Deutschland. Trotz der tief liegenden kulturellen und religiösen

Probleme im Land. Obwohl Leid, Tod und Unrecht so viel größer sind als in Deutschland. Und mir dämmerte ein Gedanke: Die Abwesenheit von Leid und Schwierigkeiten ist nicht unbedingt ein Zeichen für die Anwesenheit von Gott.

Denn Gott ist nicht nur trotz Leid gut, er ist auch im Leid gut. Das kann dazu führen, dass vor allem die Menschen aus den reichen Industrienationen der Meinung sind, dass die Armen halt „das Konzept Gott" bräuchten, um mit all dem Leid umgehen zu können. Ich denke, dass das nur eine Ausrede der Intellektuellen ist, die zwar möglichst viel Leid von sich fernzuhalten versuchen, aber täglich von der Angst getrieben werden, es könnte sie doch treffen. Sie brauchen Gott genauso wie jeder andere Mensch auf diesem Planeten.

Die Abwesenheit von Leid und Schwierigkeiten ist nicht unbedingt ein Zeichen für die Anwesenheit von Gott.

Bei meinem ersten Besuch in Deutschland, nachdem ich ein Jahr in Äthiopien gelebt hatte, traf ich Freunde wieder. Sie haben mir von ihrem hohen Stresslevel erzählt. Da war immer die Angst, dass das Geld nicht reichen könnte. Ein drittes Kind würde die Familienurlaube noch teurer machen, die Nächte noch schlafloser und man müsse noch mehr arbeiten, um sich über Wasser zu halten.

Im Schwimmbad hat mich ein Bademeister angesprochen, dass wir das nächste Mal dringend unsere Badelatschen (die wir gar nicht besitzen) anziehen sollten, wegen der Unfallgefahr. Und ich wurde darauf hingewiesen, dass meine Kombination von Schwimmflügeln und Schwimmweste – die mir einen Schwimmbadbesuch allein mit zwei Kindern ermöglichten – zu große Risiken mit sich brächte.

Am Strand erzählte man mir, beim Anblick meiner glücklich im Wasser planschenden Kinder, sofort von einem Unglück vor ca. 30 Jahren, bei dem einige Kinder ertranken. Ich sollte meine Kinder möglichst schnell zum Schwimmkurs schicken, damit ihnen das niemals passierte, sollten sie einmal in ein Schiffsunglück geraten. Ich war so erschrocken von all den tiefen Ängsten, die mir da entgegentraten.

Eine ähnliche Beobachtung habe ich in der äthiopischen Oberschicht gemacht. Wir haben sie zum Beispiel getroffen, wenn wir als Familie ein Eis essen gingen. Eine Kugel kostet 45 Birr, das sind 1,50 €. Die kann sich natürlich niemand leisten, der im Monat 50 € verdient, wie der Großteil der Gesellschaft.

Wenn meine drei- und vierjährigen Kinder dort allein die

zehn Treppenstufen hochgingen, kam ihnen immer schnell jemand zu Hilfe. Wenn sie die Rollstuhlrampe herunterrannten, warfen uns Eltern vorwurfsvolle Blicke zu. Und mit Sicherheit ist einigen Beobachtern das Herz in die Hose gesunken, wenn sie sahen, wie unsere Kinder im nahegelegenen Museum draußen allein über eine kleine Brücke des 20 cm tiefen Baches liefen. Währenddessen führten sie ihre dreijährige, gut behütete, übergewichtige und motorisch relativ unterentwickelte Tochter vorsichtig an der Hand Schritt für Schritt über die Brücke.

Ich habe all das gesehen und gedacht: Je größer der Wohlstand, desto größer die Angst. Obwohl doch rein faktisch der Wohlstand schon so viele Gründe, ängstlich zu sein, eliminiert. Wer genug Geld hat, kann Krankenhausrechnungen und Medikamente bezahlen, seine Kinder in die Schule schicken, sich ausgewogen ernähren, sich beim Rechtsstreit einen Anwalt nehmen – und hat trotzdem mehr Angst. Es scheint mir, dass diejenigen, denen Leid vertraut ist, nicht mehr von der Angst davor gelähmt werden.

Niemand findet Leid, Schmerz und Tod gut. Man kann sich vielleicht daran gewöhnen, doch egal ob reich oder arm, gläubig oder Atheist, jeder Mensch weint, wenn sein Kind stirbt. Oder wenn der Mann nicht mehr aus dem Krieg nach Hause kommt oder man eine Krebsdiagnose erhält. Das ist furchtbar, keine Frage.

Aber was ich von den Armen lernte, ist, dass sie vom Leid nicht mehr überrascht werden. Das Leid gehört zum Leben dazu wie der Tod. Und der Tod ist nicht das Ende. So kann man mit dem Leid umgehen lernen, anstatt zu versuchen, sich einer Lebensillusion hinzugeben, in der es kein

Leid gibt, geben soll und geben darf. Denn wir sind wunderbar darin, uns durch genug Instagram- und Pinterest-Konsum und dem ständigen Abschließen von Versicherungen und Anhäufen von Geld davon abzulenken, dass es Leid gibt und es auch uns treffen kann.

Ich glaube, es ist diese Angst vor Schwierigkeiten, Leiden und letztlich dem Tod, die uns oft davon abhält, Wüsten oder unsere innere Welt im Allgemeinen zu betreten. Und wenn wir erst einmal dort sind und etwas in uns finden, das uns Angst macht, dann nehmen wir schnell wieder Reißaus. Wir flüchten vor dem, was sich schlecht anfühlt. Doch es muss nicht falsch sein, nur weil es hart ist. Es kann genau richtig sein. Denn du und ich können Dinge tun, die schwer sind. Wir können Herausforderungen meistern, wir können durch Wüsten gehen. Und vielleicht werden wir dadurch nie wieder dieselben sein.

GANZ UNTEN LIEGT DIE FREIHEIT

Ich denke, es ist auch die Angst vor Leid und Schwierigkeiten, die uns davon abhalten kann, das Leben zu leben, nach dem wir uns sehnen. Vielleicht sehnst du dich nach einem neuen Job, aber hast Angst davor, dass er doch nicht besser ist als dein jetziger? Vielleicht wünschst du dir einen Partner, aber hast Angst, dich zu binden und verletzlich zu machen? Vielleicht möchtest du Kinder, aber hast Angst, ihnen nicht gerecht zu werden? Vielleicht würdest du gern noch mal studieren, aber hast Angst, es nicht zu schaffen? Vielleicht möchtest du umziehen, aber bist nicht sicher, ob du an dem neuen Ort glücklich sein kannst? Vielleicht weißt du, dass du ein schwieriges Gespräch mit einem Freund führen solltest, aber hast Angst vor der Reaktion? Vielleicht bist du verliebt, aber hast Angst, es zu sagen und abgewiesen zu werden? Vielleicht möchtest du ins Ausland ziehen, aber hast Angst, dort durch die Wüste zu müssen?

Dass Authentizität eine meiner stärksten Werte ist, ist kein Geheimnis. Deshalb ist das nicht das richtige Buch für „Alles-wird-gut"-Versprechen. Es ist auch nicht das richtige Buch für diejenigen, die nach dem bequemsten Weg suchen. Es soll euch ermutigen, Schritte im Vertrauen auf Gott zu wagen. Ein Risiko einzugehen.

Denn das Risiko ist Teil des Traums. Nicht für jeden Traum muss man durch die Wüste. Und es gibt Menschen, die durch schwere Zeiten und tiefe Täler gehen, ohne irgendeinen Traum zu verfolgen. Aber ich bin überzeugt davon, dass jeder und jede von uns, die ambitioniert ein Ziel verfolgt, mit dem Risiko lebt, durch ein Tal zu müssen und Wüsten zu durchqueren.

♦♦♦

Abgesehen von den inneren Wüsten, die ich durchquerte, gab es auch ganz praktische Herausforderungen in unserem ersten Jahr, die mich an meine Grenzen brachten. Neben dem, was die Arbeit und das Dienen in einem neuen Land, mit neuen Teammitgliedern auf einer neuen Sprache mit sich brachte, war ich vor allem um meine Familie besorgt.

Wenn ich an die intensivste Zeit in diesem Jahr denke, sehe ich mich sofort im dunklen, stillen Zimmer neben meinen fiebernden Kindern sitzen.

Zu dieser Zeit war das Land sehr in Unruhe. Es gab nicht genügend Energie und so wurde für mindestens den halben Tag der Strom abgestellt. Unser Vermieter hatte Probleme mit der Wasserleitung, weshalb wir mehrere Stunden am Tag und teilweise zwei Wochen lang durchgängig kein Wasser hatten. Als ob das nicht genug wäre, litt das Land unter einem versuchten Militärputsch, der die ethnischen Uneinigkeiten noch einmal richtig aufbrechen ließ. Aus diesem Grund wurden zeitweise das Internet, Radio und Fernsehen auf nationaler Ebene abgestellt und so konnten wir weder unsere Familien in Deutschland erreichen, noch wussten wir, was gerade in diesem Land und in unserer Stadt vor sich ging.

In dieser Zeit sollte man es vermeiden, im Dunkeln auf die Straßen zu gehen – was bedeutete, dass wir ab 18:30 Uhr zuhause waren. Wir fühlten uns eingesperrt. Es war ein beängstigendes Gefühl, zu wissen, dass das Fieber meiner Kinder stieg und stieg, sie alles erbrachen und furchtbaren Durchfall hatten und ich kein Krankenhaus aufsuchen konnte. Ich konnte auch niemanden anrufen und nicht einmal etwas googeln.

So allein und hilflos hatte ich mich noch nie gefühlt. Als dann noch der Strom ausfiel, alle Powerbanks leer waren und es keine Kerzen mehr zu kaufen gab, saß ich da und fragte mich, was wir hier eigentlich machten. Und ich konnte nichts tun, außer mir Vorwürfe zu machen, wie ich das meinen Kindern antun konnte. Gleich darauf machte ich Gott Vorwürfe, dass er uns das zumutete.

Und dann kapitulierte ich.

In deine Hände

geschrieben am Bett meiner fiebernden Kinder

In deine Hände lege ich,
nicht nur meine Zeit, ich lege mich.
Das sagte ich schon hundert Mal.
Ich sang es mit Hunderten immer wieder mal.
Und ich meinte es auch so.

Doch jetzt sitze ich hier am Bett in Afrika,
alles ist dunkel und alles ist still.
Den Muezzin höre ich – auch wenn ich nicht will.
Doch lauter noch als er singt, rollen die Gedanken
wie Wellen, wie Stürme, bringen mein
Inneres zum Wanken.

„Alles Gott, aber nicht das!", will ich rufen!
Meine Kinder fiebern im Bett nebenan
und kein Arzt kann wirklich helfen und mir sagen,
welche tropische Krankheit sie nun haben.
Und ich bin voll Sorge und Vorwurf zugleich,
denn der mich sandte, verantwortet dies Leid.
Und ich gebe ihm alles. Nur meine Kinder,
die gebe ich nicht.

In deine Hände lege ich
nicht nur meine Zeit, ich lege mich.
Das sagte ich schon hundert Mal.
Ich sang es mit Hunderten immer wieder mal.
Und ich meinte es auch so.

Doch um keinen Preis würde ich die Kinder geben.
Ein Opfer wie Abrahams in der Bibel?
Nicht mit mir. Nicht meine Kinder, bei aller Liebe!
„Es war seine Bereitschaft", flüstert es in mir.
„Wollte nie den Sohn, an seinem Herz lag es mir
Und um selbiges geht es auch bei dir."

Gott selbst zahlte ja am Ende den Preis.
Ich schließe die Augen. Die Tränen rollen.
Als würden sie mich lassen und frei machen wollen.
Kann ich nicht nur mich, sondern auch die ich liebe geben?
Kann ich sie vertrauensvoll in deine Hände legen?
Ich lasse los und fürchte mich nicht.

In deine Hände lege ich
nicht nur meine Zeit, ich lege mich.
Das sagte ich schon hundert Mal
Ich sang es mit Hunderten immer wieder mal.
Und heute meine ich es auch.
Wieder einmal.

Das war der Tiefpunkt. Ich hatte so vieles losgelassen und abgegeben. Vieles hatte ich gern und freiwillig gegeben – anderes wurde mir unfreiwillig und teilweise auf schmerzhafte Weise genommen. Und jetzt waren wir bei dem Letzten angekommen, an dem ich mit aller Kraft festhielt, was mir mehr wert war als mein eigenes Leben: meine Kinder.

Und als wir dort angekommen waren, bemerkte ich die unsichtbare und tief verwurzelte Überzeugung, dass ich eigentlich besser auf sie aufpassen konnte als Gott. Erst als ich am Bett saß und am Ende mit meinem Latein war, mein komplettes Sicherheitsnetz aus medizinischer Versorgung, Beziehungen und Informationen weggebrochen war, war ich bereit, meine Kinder loszulassen.

Gott nahm sie mir nicht weg, er entriss sie nicht meinen Armen. Er stieß mich nicht mit den Worten „Lass mich mal, ich kann das besser" zur Seite. Nein, er führte mich, Schritt für Schritt, geduldig und liebevoll an den Ort in der Wüste, an dem alles still war und ich klar sehen konnte. Und ja, er nutzte das Leid dazu. Er wusste, dass dieser Ort nicht angenehm für mich war, aber er wusste, dass er gut für mich war. Und er ließ mich dabei nicht eine Minute allein.

Ich bin überzeugt, dass unsere Wüsten und Täler nicht zufällig auf unserem Weg liegen. Gott persönlich hält uns an der Hand und leitet uns nicht nur dorthin, sondern auch dort hindurch. Auch Jesus wurde vom Heiligen Geist in die Wüste geführt. Und ich für meinen Teil kann sagen, dass ich keine Wüste mehr scheuen möchte. Die Tränen, die ich dort weinte, waren echt. Die Angst war Furcht einflößend und wenn ich daran denke, gibt es eine menschliche Seite in mir, die ganz laut rufen möchte: „Ich gehe überall hin, aber nicht wieder an diesen Ort! Niemals! Das ist schlimmer als Zahnarzt ohne Betäubung!" Aber dann gibt es eine Stimme, sanft und warm wie der Sommerwind, die meine Seele streichelt und flüstert: „Aber die Freiheit, die dir dort geschenkt wurde, willst du jemals wieder ohne die leben?" Nein, niemals wieder ohne die! Sie ist unbezahlbar!

Mitten in diesem Leid[4], im Auge des Sturms, im Zentrum der Wüste, wartete Freiheit auf mich. Ich war frei von der Verantwortung, mein Leben und meine Träume selbst verwirklichen zu müssen; frei von der Last für Gesundheit und Krankheit meiner Familie zuständig zu sein; frei davon, selbst die Lösung für meine Probleme sein zu müssen. Und frei von der Angst. Dieses Leben kann mir nur nehmen, was Gott gibt.

Dann sagte Jesus: „Kommt alle her zu mir,
die ihr müde seid und schwere Lasten tragt, ich will
euch Ruhe schenken. Nehmt mein Joch auf euch.
Ich will euch lehren, denn ich bin demütig und freundlich,
und eure Seele wird bei mir zur Ruhe kommen.
Denn mein Joch passt euch genau, und die Last,
die ich euch auflege, ist leicht."

Matthäus 11,28-30

Dieser Vers erklärt mir die Leichtigkeit, die in der Schwere liegt. Denn die Aussage, dass das Leben mit Jesus leicht und easy-peasy ist, wollte für mich nie mit der Realität der weltweit verfolgten Christen und den Herausforderungen, denen Menschen, die für Wahrheit und Gerechtigkeit einstehen, entgegentreten müssen, zusammenpassen.

Aber es gibt eine Leichtigkeit, die man erst entdecken kann, wenn man bemerkt, welche schweren Lasten man eigentlich trägt. Erst wenn wir bemerken, für was wir uns alles verantwortlich fühlen, wie viele Dinge wir – wie ein Joch – wortwörtlich schultern wollen, können wir diese Dinge abgeben und in Gottes Hände legen. Dort sind sie gut aufgehoben und wir atmen wieder durch. Nicht, weil gerade alles so gut läuft, oder weil wir an der Spitze der Erfolgsleiter angekommen sind, sondern weil wir nichts mehr haben. Und deshalb haben wir auch nichts mehr zu verlieren. Wir haben keine Angst mehr und nur noch die Freiheit, alles als Geschenk entgegenzunehmen. Und darin kommt unsere Seele zur Ruhe.

Das ist ein starker Gegentrend zu der Melodie, nach der unsere Gesellschaft normalerweise tanzt. Diese Melodie sagt: Wer viel hat, ist glücklich, wer noch mehr kaufen kann, wird noch glücklicher. Wer gesund und jung und fit ist, der ist zu beneiden. Die unter uns, die gesunde Kinder, einen gut aussehenden Partner und genug Geld haben, sind glücklich. Und wer noch mehr Geld hat, ist eben noch glücklicher. Du kennst bestimmt auch diese Melodie, oder?

Doch Gottes Welt funktioniert nicht so. In seinem Weltbild ist Geben seliger als Nehmen. Nicht hauptsächlich, weil durch unser Geben jemand anderes mehr hat. Vielleicht ist das Geben so selig, weil es das Loslassen beinhaltet. Beim Geben öffnen wir die Hände und machen uns frei. Ich möchte dich ermutigen:

„Lass die Leere zu. Lass dich auf die schmerzhafte Stille der Wüste ein. Vielleicht findest du dort eine Freiheit, die dir keine Fülle geben kann."

Drei

Trotzdem tanzen

*Wann darf man sich
eigentlich richtig freuen? Was braucht es, damit wir
der Freude freien Lauf lassen können? Darf man sich
im Anblick weltweiter Armut über einen Blumenstrauß
freuen? Wann beginnt die Trauer unsere Sicht so zu
verschleiern, dass sie uns die Dankbarkeit raubt?
Ist es möglich, im Leid zu tanzen? Vielleicht sind
Trauer und Freude aus dem gleichen
Mut gemacht.*

Augen auf!

Bereits seit sechs Monaten war ich nun jeden Tag ein und dieselbe Straße zum Sprachunterricht entlanggefahren. Zu Beginn der Strecke stand ich meist eine Weile im Stau, bis ich eine Straße mit einer manchmal funktionierenden Ampel kreuzte. Danach ging es an ein paar Läden und einer Moschee vorbei, den Berg aufwärts durch einen Kreisel und dann durch eine ärmere Gegend. Danach bog ich links ab und fuhr an einem Markt vorbei, der sich bis auf die Straße zog. Hier waren, besonders zum Schulschluss, viele Menschen, Esel und Schafe, Busse, Verkäufer und Käufer unterwegs. Nachdem ich den Markt hinter mir gelassen hatte, fuhr ich noch einmal rechts, links, rechts an einer Schreinerei vorbei und über eine unbefestigte Straße. Dann war ich da. Anderthalb Stunden später das Ganze dann wieder rückwärts.

Anfangs fuhr ich die Straßen voller Respekt vor all den Menschen und Tieren darauf. Ich konnte nicht einschätzen, wann sie mir ausweichen würden, wann ich bremsen musste, und hatte große Angst, jemanden zu verletzten.

Doch wenn ich erst einmal im Stau stand, beobachtete ich hoch beladene Laster und war voller Bewunderung für ihre Fahrkünste und wie Menschen ihr Leben hier mit so wenig Mitteln gut meisterten. Immer wieder entdeckte ich neue Läden, die mir zuvor nicht aufgefallen waren, war voller Neugier für neue Handbewegungen anderer Autofahrer, die sich Zeichen gaben, die ich noch lernen wollte. Ich sah die Menschen in ihrer einfachen und doch so farbenfrohen Kleidung und bewunderte das langsame und zufriedene Tempo, in dem sich alles bewegte. Ich genoss das Leben auf der Straße, das „Unter-Menschen-Sein. Wenn ich Kinder streiten sah, lachte ich innerlich und dachte: „Das ist doch überall auf der Welt gleich."

Ich beobachtete die kleinen Tuk Tuks, wie sie durch die Straßen düsten, immer auf der Suche nach einem neuen Kunden; die jungen Männer, die am Straßenrand auf Arbeit warteten. Und ich schmunzelte über die vielen Esel, die ihren Besitzern beim Heu-, Holz- und Wassertragen halfen. „Hier leben Menschen und Tiere so wunderbar nah beieinander", dachte ich glücklich.

Vier Monate später fuhr ich immer noch den gleichen Weg. Allerdings schlurfte ich widerwillig zum Auto. Schon beim Anlassen nervte mich, dass der Motor erst beim dritten Mal ansprang. „Und jetzt gleich noch Stau", rollte ich innerlich mit den Augen. Im Stau wusste ich nicht, was ich mehr hasste: die Abgase oder die Hitze. Eine Klimaanlage hatte unser Auto nicht und wenn ich etwas Luftzirkulation wollte, musste ich die Fenster öffnen. Dann hatte ich aber auch gleich die Hände sämtlicher Bettler und die schwarz aufsteigenden Abgase im Auto.

Mir fiel die Bettlerfamilie gleich an unserer Kreuzung auf. Ein Teenagermädchen hatte offensichtlich sein Baby bekommen. Es lag unter einer Metallplatte in der Hitze und schrie, während die Mama Autos wusch. Ich kurbelte das Fenster für ein bisschen Privatsphäre hoch, schwitzte und weinte. Voll schlechtem Gewissen, dass ich so schlecht gelaunt war und all diese „kleinen Unannehmlichkeiten" wie Abgase und Hitze mich so nervten, während andere ums Überleben kämpften.

Was für dunkle Abgründe sich in meiner Seele auftaten! Und gleichzeitig hasste ich es, dass ich überhaupt hier war. „Ich will nach Hause!", flüsterte es immer wieder in mir. Die Menschen hier waren arm und lebten auf der Straße, schon lange bevor ich hierhergezogen war. Doch jetzt zermürbte ihre Armut mich innerlich.

Ich wollte weg. Vor mir tauchte nun endlich die Kreuzung zur Moschee auf. Da es Freitag war, ging jetzt nichts mehr – alle gingen beten und deshalb kam ich nun endgültig wieder zu spät. Der scheppernde Lautsprecher der Moschee, der uns während des Ramadan Tag und Nacht beschallte, gab mir den Rest. Es nervte einfach. Ich hupte, drängelte und kam endlich weiter. Nun konnte ich etwas Gas geben. Doch dabei meine Musik leider nicht mehr hören, weil der Motor unseres Autos beim Beschleunigen wie ein Traktor klang. An der Ecke döste ein Esel mit verwachsenen Hufen und kaputtem Rücken. „Warum erbarmt sich denn niemand, den mal einzuschläfern?"

Ich gab ärgerlich Gas. Längst hatte ich gelernt, dass Mensch und Tier mir irgendwann ausweichen, wenn ich einfach weiterfahre. Da fuhr ein Tuk

Tuk vor mir los, ohne zu blinken. Ich machte eine Vollbremsung. Resigniert vom Chaos im Verkehr regte ich mich schließlich gar nicht mehr auf. Fuhr einfach weiter. Mitten durch den Markt. Hörte sogar durch die Scheiben, wie Menschen nach mir riefen: „Forengee! Forengee!" („Fremde! Fremde!") und wollte einfach nur weg.

„Die Menschen hier waren arm und lebten auf der Straße, schon lange bevor ich hierhergezogen war. Doch jetzt zermürbte ihre Armut mich innerlich."

Es stresste mich, unter Menschen zu sein und überall aufzufallen. Ja, ich war fremd. Und auch wenn ich fließend Amharisch sprechen, über Feuer Kaffee kochen und Injera backen könnte und all die kleinen und großen Feinheiten dieser Kultur beherzigen würde, würde immer noch mein weißes Gesicht durch die Windschutzscheibe gucken. „Ich werde das hören, solange ich hier bin", dachte ich genervt. „Ja, ihr habt ja recht. Ich bin fremd. Aber muss es denn so schwer sein?" Endlich war ich da. Schleppe mich mit noch weniger Energie aus dem Auto, als ich mich hineingeschleppt hatte, und ging zum Unterricht.

♦♦♦

Es war ein und dieselbe Straße, dasselbe Auto und die gleiche Fahrerin. Doch mit einer anderen Sicht. Mit der Zeit hatte sich mein Blick getrübt und ich war müde und frustriert geworden. Was einmal ein Abenteuer gewesen war, war nun eine kräftezehrende Anstrengung. Weil ich unter dem Druck stand, mich anpassen zu wollen, und frustriert darüber war, dass das nicht so funktionierte, wie ich es geglaubt hatte.

Durch diesen Frust traten die negativen Dinge so sehr in den Vordergrund, dass die positiven mir im Rückblick wie eine naive Illusion erschienen. Ich konnte sie nicht mehr sehen und mich an das Gute erinnern. Ich trauerte um meine Heimat, die natürlich durch die Entfernung noch wesentlich attraktiver erschien. Und diese Trauer verschleierte meine Sicht. Da kam mir die Geschichte von Hagar in den Sinn.

Als sie das Wasser im Schlauch ausgetrunken hatten, ließ sie den Jungen im Schatten eines Busches zurück. Sie selbst ging noch etwas weiter und setzte sich ungefähr 100 Meter entfernt auf den Boden. „Ich kann nicht mit ansehen, wie mein Sohn stirbt!", seufzte sie und brach in Tränen aus. Aber Gott hörte das Schreien des Jungen und der Engel Gottes rief Hagar vom Himmel aus zu: „Hagar, was ist mit dir? Hab keine Angst! Gott hat das Weinen deines Sohnes gehört, der dort liegt. Steh auf, nimm den Jungen und halte ihn fest an der Hand, denn ich werde seine Nachkommen zu einem großen Volk machen." ***Da öffnete Gott Hagar die Augen, sodass sie einen Brunnen entdeckte.*** *Dort füllte sie ihren Wasserschlauch und gab dem*

Jungen zu trinken. Gott war mit dem Jungen. Er wuchs in der Wüste heran und wurde ein ausgezeichneter Bogenschütze.

1. Mose 21,15-20 (Hervorhebung durch Autorin)

So wie Hagar den Brunnen vor ihren Augen vor Tränen nicht sah, konnte ich auch nicht mehr klar sehen. Die Möglichkeiten, meine Berufung, das Potenzial und die Hoffnung waren wie verschleiert.

Hagars Situation änderte sich nicht durch einen Ortswechsel. Ihre Situation veränderte sich erst dadurch, dass ihre Augen geöffnet wurden. Als Trauer ihr nicht mehr die Sicht versperrte, konnte sie sehen, dass das, was sie brauchte, direkt vor ihren Füßen lag.

Das heißt nicht, dass Trauer etwas Schlechtes ist oder nicht sein darf. Das will ich auf keinen Fall damit sagen. Aber ich denke, das sollte durch das vorherige Kapitel bereits deutlich geworden sein. Ich finde Trauer sehr unangenehm und anstrengend. Aber traurige Dinge passieren leider. Manchmal verlieren wir Menschen, Dinge oder Orte und die einzige gesunde Reaktion darauf ist, zu trauern.

In meiner Situation wurde mir klar, dass man eigentlich nicht in einer neuen Kultur ankommen kann, ohne zu trauern. All meine Zuneigung zu meinen Freunden und meiner Familie in Deutschland wäre ja ein Schauspiel gewesen, wenn ich nicht um sie trauern würde. All meine Hingabe zu meinem Job und Dienst hätte ja keine Bedeutung für mich gehabt, wenn es nicht schwer gewesen wäre, sie loszulassen.

Es ist schwer und es tut weh und es bringt rein gar nichts, sich diesen Schmerz zu verbieten. Der einzige Weg, die Trauer zu überwinden, ist mitten hindurchzugehen. Denn wir sind in unserer Trauer nicht alleine: „Und ob ich auch wanderte im finsteren Tal ..." – Gott ist mit dabei. Die Trauer ist wichtig

GOTT FÜHRT UNS IMMER WIEDER AUF FRISCHE AUEN. UND MANCHMAL MÜSSEN SICH DAFÜR NICHT UNSERE UMSTÄNDE ÄNDERN, SONDERN UNSERE SICHTWEISE.

und normal. Aber sie ist nicht das Ziel und auch nicht das Ende. Denn Gott führt uns immer wieder auf frische Auen. Und manchmal müssen sich dafür nicht unsere Umstände ändern, sondern unsere Sichtweise. Eines Tages dachte ich plötzlich in einem Moment: „Sarah, hab doch einfach mal ein bisschen Spaß mit den Äthiopiern!" Nicht in dem Sinn, dass ich mich über sie lustig machte, sondern einfach um die Schwere abzuschütteln. Und damit all den Druck, mich anpassen zu müssen, das Verantwortungsgefühl, etwas verändern zu müssen, und den Frust darüber, beides nicht zu können. Plötzlich musste ich lächeln. Wann hatte ich eigentlich das letzte Mal gelächelt?

Ein paar Tage später waren wir bei einer äthiopischen Freundin eingeladen. Draußen im Innenhof spielten unsere Kinder mit ihren und kamen immer wieder nach drinnen, um etwas von dem Popcorn auf dem Tisch zu naschen. Draußen hatten sie im Wasser gespielt, was wir deutlich riechen konnten. Denn das Wasser war eine kleine, stinkende Pfütze, die sich direkt vor der Toilette befand. Ich konnte nicht widerstehen und zückte jedes Mal, bevor meine Kinder in die Popcornschüssel griffen, Feuchttücher aus meiner Tasche. Mit einem Ekel, den ich wahrscheinlich nicht ganz verbergen konnte, rieb ich ihnen die Finger halbwegs sauber.

Als wir nach Hause fuhren, war ich innerlich total gestresst. Zum einen von dem Gedanken, wer von den Kindern jetzt als erstes Magen-Darm-Probleme bekommen würde, und zum anderen von meinem schlechten Gewissen. Ich sorgte mich, dass ich meiner äthiopischen Freundin durch meine Wischerei vermittelt haben könnte, dass ich ihr Haus unhygienisch und schmutzig fand und mich nicht wohlgefühlt hatte. Das war doch das Letzte, was ich wollte! Doch dann musste ich lachen: „Hab doch einfach ein bisschen Spaß mit ihnen!" Ich drehte mich zu meiner amerikanischen Sitznachbarin um und sagte: „Sie muss denken, ich bin verrückt mit meinem ganzen Gewische!" Und sie antwortete: „Ich habe mich die ganze Zeit gefragt, was so stinkt. Das waren deine Kinder, oder?" Und wir beide fuhren lachend nach Hause.

Nicht alles im Leben ist bitterernst. Armut verschwindet auch nicht schneller, wenn ich über die bettelnde Familie in meiner Straße weine, anstatt sie anzulächeln.

"

Ja, ich war fremd in diesem Land. Und ich würde es immer bleiben. Man erwartete sogar ein „komisches", ein anderes Verhalten von mir. Ich konnte daran nicht viel ändern. Die einzige Frage war: Will ich darüber weinen oder lachen? Nicht alles im Leben ist bitterernst. Wenn wir mal ganz ehrlich sind, wird das Problem der Armut nicht behoben, wenn ich über die bettelnde Familie in meiner Straße weine, anstatt dem kleinen Jungen, der mit einer alten Plastikflasche spielt, zuzulächeln. Dieses Lächeln veränderte in diesem Moment viel für mich. Es nahm mir die Schwere und die Tränen. Ich konnte wieder sehen, wie farbenfroh die Kleider der Menschen waren. Konnte sie wieder für so vieles bewundern und dadurch manchmal einfach die Traurigkeit abschütteln.

So saßen wir einmal nachts bei Feuer und Suppe mit Freunden auf unserer Veranda und konnten herzhaft und albern darüber lachen, dass der anwesende Vater zu seiner Frau bei der Geburt ihres Babys gesagt hatte: „Wir schaffen das, Schatz. Ich habe schon einem Kalb auf die Welt geholfen. Dann schaffen wir auch das hier!" Und hätte sie darüber gelacht, wie jetzt mit uns zusammen auf der Veranda, anstatt ihn vorwurfsvoll anzusehen, dann wäre die nächste Wehe vielleicht gleich weniger schmerzhaft gewesen.

Vielleicht bedeutet Glück nicht, immer von Umständen und Menschen und Situationen umgeben zu sein, die einem das Lachen leicht machen. Vielleicht bedeutet Glück nicht ein Leben ohne Leid. Vielleicht finde ich gerade hier ein viel tieferes Glück, eine viel tiefere Zufriedenheit. Trotz des Leides, der Trauer und des Frustes lachen können und damit eine Freude zu umarmen, die nicht von dieser Welt ist.

Café am Straßenrand in Addis Abeba

FREI, ZU TANZEN

Wir haben ja schon im letzten Kapitel darüber nachgedacht, dass unsere westliche, postmoderne Gesellschaft grundsätzlich Angst vor dem Leid hat. Wir versuchen, uns das Leben so angenehm wie möglich zu machen, umgeben uns mit schönen Dingen, essen gesund, schließen Versicherungen ab, betreiben Self-care und vermeiden unangenehme Situationen.

Schmerz und Leid versuchen wir aus unseren Gedanken und unserer Zukunft zu verbannen. Umso mehr werden wir dann davon überrascht und zu Boden geworfen, falls es uns doch einmal „trifft". Aber könnte es sein, dass wir genauso viel Angst vor der Freude haben, wie vor dem Leid? Vielleicht denken wir nur, dass Freude und Leid Gegensätze sind. Sind sie möglicherweise viel enger miteinander verwoben, als wir dachten? Vielleicht sind sie aus ein und demselben Mut gemacht.

Vielleicht denken wir nur, dass Freude und Leid Gegensätze sind. Vielleicht sind sie aus ein und demselben Mut gemacht.

Es gibt eine oberflächliche Freude, die von schönen Erfahrungen, Gefühlen und Erlebnissen genährt wird. Sie ist angenehm und sicher keine schlechte

Sache. Doch in Kombination mit unserem Wohlstand und unseren Möglichkeiten ist sie gefährlich. Denn wir haben so viel Geld, Freizeitmöglichkeiten, Zeit und Sicherheit, dass wir es – mit viel zu großer Anstrengung – eine ganze Weile schaffen können, oberflächlich glücklich zu sein. Doch dieses scheinbare Glück kann uns so in die Irre führen, dass es uns betäubt.

Instagram, das Vergleichen und Konsumieren im Allgemeinen können uns nach einer Weile unbewusst denken lassen, dass diese oberflächliche Freude alles ist, was es gibt. Sie wird zum höchsten Ziel und zum Inbegriff des Glücks. Wir merken dabei nicht, dass wir einer Lüge auf den Leim gegangen sind und uns in einem Hamsterrad bewegen, das irgendwann aus den Angeln fliegen wird. Bis dahin strampeln wir uns ab, rennen und keuchen und laufen dem Leid davon und dem Glück hinterher und finden es doch nicht.

Wir haben solche Angst vor der echten, tiefen Freude und vor der Verletzlichkeit, die in ihr liegt, weil es ihr eigen ist, nicht endlos zu sein. Sie kann nicht gleich durch den nächsten Einkauf oder erarbeiteten Erfolg ersetzt werden. Deshalb verschieben wir diese Freude auf die großen Ereignisse im Leben.

Ein solches Ereignisse ist für viele die Hochzeit. Ja, wenn ich heirate, dann bin ich wirklich glücklich. Oder wenn ich endlich in meinem Traumberuf arbeite. Oder endlich diese tolle Reise machen kann.

Ihr kennt bestimmt diese Gedanken, oder? Wir reden uns ein, dass wir uns erst dann richtig freuen können, wenn das Kind gesund geboren ist oder wenn wir umgezogen sind. Irgendwann werden wir uns freuen. Doch die Menschen, die sich irgendwann einmal freuen wollen, freuen sich viel zu häufig nie.

Denn auch am Hochzeitstag kann sich der Gedanke an mögliche Verletzungen, ja vielleicht sogar an eine Scheidung, einschleichen. Und kurz nach der Geburt des Kindes kann die Angst vor dem Verlust sogar noch größer werden.

Die Menschen,
die sich irgendwann einmal
freuen wollen, freuen sich
viel zu häufig nie.

Dr. Brené Brown, eine großartige Frau, die Scham, Verletzlichkeit und Freude wissenschaftlich erforscht hat, sagte einmal in einem Interview mit Oprah Winfrey, dass Freude die angsteinflößendste Emotion sei, die wir Menschen fühlen können. Denn die Freude berge eine Verwundbarkeit wie keine andere Emotion und aus diesem Grund würden sich viele Menschen die Freude verbieten.[5] Sie erzählte die Geschichte von einem Mann, der seine Erwartungen immer möglichst niedrig ansetzte. Alles Gute, was ihm passierte, war dadurch nur eine positive Überraschung, alles Schwere hatte er sowieso erwartet. Als er vierzig war, starb seine Frau bei einem Autounfall. Der erste Gedanke nach dem Vermissen war: Ich hätte mich mehr in diese Momente der Freude hineinlehnen sollen. Er realisierte, dass ihn das Verbieten der Freude und seine niedrigen Erwartungen nicht vor der Trauer beschützen konnten.

Henri Nouwen sagte einmal: „Die Trauer entleert uns. Sie bringt uns zu unserer Nichtigkeit. Und das ist der Ort, wo wir tanzen."[6] Dabei bezieht er sich auf eine Stelle in Psalm 30,11, in der es heißt: „Du (Gott) hast meine Trauer in einen Tanz voller Freude verwandelt." Trauer und Freude gehören zusammen. Das eine funktioniert nicht ohne das andere.

Oft müssen wir in unseren glücklichsten Momenten an schwere Unglücke denken. Dadurch verbieten wir uns die Freude. Ich erinnere mich, wie ich als frischgebackene Mutter mein Baby im Kinderwagen an der Hamburger Außenalster entlangschob. Die Luft war frisch und kühl, die Sonne brach durch den leichten Nebel, der noch auf dem Wasser lag, und ich hätte nicht glücklicher sein können. Da schoss mir der Gedanke durch den Kopf, was passieren würde, wenn mir der Kinderwagen aus der Hand rutschen, den Abhang hinunterrollen und ins Wasser fallen würde. Können Kinderwagen schwimmen? Würde er sich umdrehen oder aufrecht schwimmen? Wie lange braucht ein Kinderwagen, bis er untergeht? Gibt es in der Alster Strömungen und Sog? Würde ich mich erst ausziehen oder direkt hinterherspringen? Oder nur die Jacke und den Rest anlassen? Was macht man, um ein Baby wiederzubeleben? Hätte ich einen Erste-Hilfe-Kurs machen sollen? Was, wenn mein Baby stirbt?

Diese Gedanken waren komplett unrealistisch und sehr, sehr weit hergeholt. Sie lagen nicht in einem vorherigen Erlebnis begründet. Sie hatten eigentlich gar keine Daseinsberechtigung und doch trübten sie meine Freude und die pure Dankbarkeit. Die unbegründete Angst vor der Trauer raubte mir die Tiefe der echten, einfachen Freude.

Doch gerade wenn wir uns unserer Nichtigkeit bewusst werden und ganz leer sind, dann kann sich echte Freude breitmachen. Wenn wir spüren, dass wir immer noch da sind, auch ohne etwas zu haben. Wenn wir wissen, wer wir sind ohne, dass jemand etwas über uns sagt. Wenn wir merken, dass wir immer noch genug haben, ohne viel zu besitzen. Diese Freude braucht mindestens genauso viel Mut wie die Trauer. Denn diese Freude ist verletzlich. Sie kann heute da sein und morgen kann unsere überschwängliche Freude über etwas, das uns morgen genommen wird, die Trauer nur noch verstärken. Diese Freude ist zerbrechlich, aber sie ist echt.

♦♦♦

Jordan Lee Dooley veröffentlichte einige Monate nach ihrer Fehlgeburt ein Video auf Instagram über die Reaktionen ihrer Eltern und Freunde, als sie erfuhren, dass sie schwanger war. Es sind Videos voller Freude, Tränen, Lachen und herzlichen Glückwünschen. Sie schrieb dazu:

Ich habe diese Clips fast gelöscht, denn erst dachte ich: „Was soll ich jetzt mit ihnen machen? Das war ja alles umsonst." Aber dann begann ich, sie in einem neuen Licht zu sehen. Gott zeigte mir, dass nichts umsonst war, und er lehrte mich etwas, das mir so bedeutsam ist, dass ich es gern teilen möchte: Dass etwas im Schmerz endet, bedeutet nicht, dass die Freude auf dem Weg dorthin grundlos war. Ich mei-

ne, denk mal darüber nach. Die meisten menschlichen Beziehungen enden mit Schmerz und oft mit Verlust. Aber das bedeutet nicht, dass wir die zwei Tage, zwei Wochen, zwei Jahre oder zwanzig Jahre voll authentischem Guten, die zuvor real waren, nun im Nachhinein verändern müssen, nur weil der Schmerz jetzt real ist. Gibt es überhaupt noch einen Grund zur Freude im Leben, wenn wir das tun?[7]

Ich finde doch. Aber es gibt sie nur, wenn wir mutig genug sind, sie zuzulassen. Es ist die Freude über eine Schwangerschaft nach drei Fehlgeburten. Es ist die Freude über momentane Gesundheit trotz chronischer Krankheit. Es ist die Freude über eine mündliche Jobzusage, bevor der Vertrag unterschrieben ist. Es ist die Freude darüber, das Fremdgehen des Partners zu vergeben, ohne die Zukunft zu kennen. Es ist ein Lachen in dem Bewusstsein, dass dieser Zustand nicht sicher ist und es keine Gewissheit dafür gibt, dass es so bleiben wird. Es ist das Glück in dem Moment. Gerade für diesen Zustand dankbar zu sein – in dem Wissen, dass es weder selbstverständlich noch verdient noch ewig ist. Es ist die Freude, die uns in einer Welt voller Ungerechtigkeit, Armut und Leid tanzen lässt.

Schmerz ist real, Trauer ist real, Verlust ist real. Und je größer die Freude, je höher die Erwartungen, je stärker die Hoffnung, desto größer ist das Risiko. Doch dass der Schmerz jetzt real ist, bedeutet nicht, dass es die Freude vorher nicht gewesen ist. Und wenn schon das mögliche Risiko des Schmerzes uns die Freude rauben kann, dann können wir gar keine Freude mehr empfinden.

TAGEBUCHEINTRAG VOM 6. FEBRUAR 2020

Es ist abartig! Ich ekel mich so sehr, denn Liam hat Stiche von Bettwanzen. Ich habe sein Bett abgezogen auch gleich deren Leichen gefunden und es juckt mich schon am ganzen Körper. Nebenan schläfert der Tierarzt gerade die letzten Katzen ein, die mit dem Hund, der gestern an Tollwut gestorben ist, in Kontakt waren. Hier wippt mein ungeimpftes Baby und gerade laufen die Nachbarskinder an mir vorbei, die um ihre Katze weinen. An ihrer Hand ihr kleiner Bruder, der noch einen Tag vor dessen Tod, ebenfalls noch ungeimpft, mit dem tollwutkranken Hund balgte. Hände abwechselnd in seinem Mund und dem des Hundes.

So hat jeder hier seine Probleme – und ich denke, unsere Bettwanzen sind wohl im Vergleich noch das Geringste. Ätzend ist das alles! Richtig ätzend! Das kann man einfach nicht anders sagen.

Und dennoch bin ich dankbar.

Denn die letzten Wochen waren schön. Niemand war krank, die Sonne schien, wir hatten fast durchgängig Strom und Wasser und in unserem Dienst ging es große Schritte voran. Gott schenkte mir eine Liebe für die Äthiopier und einen Frieden darüber, hier zu sein, den ich vorher noch nicht kannte. Ich sprühte nur vor Ideen, was ich hier alles machen könnte, und fand plötzlich, dass ich die Kraft aufbringen konnte, es auch umzusetzen. Und immer wieder durchzuckte mich der Gedanke: „Sarah, freu dich nicht zu früh, es kommen auch wieder andere Zeiten. In den Nachrichten haben sie schon die Stromkürzungen angekündigt, und hast du Liams Schnupfnase gesehen? Was, wenn das nur der Anfang ist?"

Aber nein, die Angst hat mich nicht gekriegt. Nein, ich habe mich gefreut, bevor es zu spät war! In dem Moment habe ich dankbar meine Augen nach oben gerichtet und mich gefreut am Hier und Jetzt und daran, dass es jetzt gerade hier so schön ist. Und die Kraft dieser Momente kann mich auch jetzt noch durch die ekelhaften Bettwanzen und Tollwutgefahr tragen. Jetzt gerade ist es ätzend, das ist auch okay.

DER SCHLÜSSEL

Wenn man Menschen, die ein geliebtes Familienmitglied oder einen Freund verloren haben, fragt, was sie am meisten an der Person vermissen, dann antworten diese häufig, dass sie die kleinen Momente im Alltag vermissen. Den Blick, wenn er die Tür aufmachte, die Art, wie sie den Kopf zur Seite neigte oder wie er mit den Augen rollte. Auch Menschen, die etwas Traumatisches erlebt haben oder durch einen Unfall nicht mehr so leben können wie vorher, beschreiben häufig, dass sie die alltäglichen Dinge vermissen. Die schönen Momente, wie den Sand unter den Füßen oder die Farben des Himmels beim Sonnenuntergang.

Es sind nicht die großen Dinge, auf die wir warten müssen, um endlich glücklich sein zu können. Es sind die kleinen Momente, für die wir dankbar sein können. Es sind nicht die glücklichen Menschen, die dankbar sind, es sind die dankbaren Menschen, die glücklich sind.

♦♦♦

Bei dem Gedanken an die dunklen, einsamen Nächte mit meinen kranken Kindern will sich die Angst wie eine kalte Hand um mein Herz legen. Ich würde alles mir Mögliche tun, um nie wieder in diese Situation zu geraten. Und wenn ich die Nachrichten lese, dass sich das Wasser im Damm, das uns mit Strom versorgt, schon wieder dem Ende neigt, wenn ich den

Warnungen über politische Unruhen aufgrund der anstehenden Wahlen zuhöre, dann will mich die Sorge lähmen. Sofort sitze ich gedanklich wieder dort am Bett, nur dass jetzt neben mir noch ein weiteres Kind liegt. Noch viel zu jung, um einigen dieser Viren zu trotzen. Und ich merke, dass die Sonne scheinen und ich mit Bananeneis und Eiskaffee unter Palmen sitzen kann und es gleichzeitig in mir so dunkel und kalt sein kann wie der Winter im Norden Finnlands.

Aber jetzt weiß ich auch, dass ich neben kranken Kindern ohne Strom und Wasser sitzen kann, die Angst im Nacken und trotzdem Freude im Herzen haben kann. Denn meine Gedanken gehören mir, sie sind frei und meiner Kontrolle ausgeliefert. Und ich kann an den Betten meiner Kinder sitzen und aufzählen, wofür ich dankbar bin: „Danke, dass wir hier sind. Danke, dass ich dieses Abenteuer leben darf. Danke, dass ich nicht allein bin. Danke, dass du mich hältst. Danke, dass du mich immer gehalten hast. Du hast mich niemals losgelassen. Was würde ich in diesen Momenten ohne dich tun? Danke, dass ich dich kennen darf, Jesus. Danke für meinen Babak. Danke, dass er hier bei mir ist."

Und mein Blick fällt auf meine Kinder: „Danke für diese Geschenke. Drei Schwangerschaften, drei Geburten, dreimal Himmel auf Erden. Danke für ihre Schönheit, ihre Echtheit, ihre Verletzlichkeit. Danke, dass ich sie kennen darf, dass ich an ihren Köpfen riechen darf, ihre Hände halten darf, ihre Fragen beantworten darf. Danke, dass sie sich an mich kuscheln, wenn sie Hilfe brauchen." Und ich denke an meine Möglichkeiten und Fähigkeiten, werde dankbar, dass ich schreiben darf, dankbar, dass ich eine Kamera habe und Fotos machen darf, reisen darf. „Danke, dass ich die Welt sehen darf. Danke, dass ich zur Schule gehen durfte, studieren durfte, frei entscheiden darf, wählen darf."

Und so fange ich zuerst an aufzuzählen. Wenn man erst einmal anfängt, kann man gar nicht mehr aufhören. Denn sie sind da, all die Dinge, die mich dankbar machen. Ich lasse die Tränen laufen. All diese Dinge sind zerbrechlich, sie dauern nicht ewig und sie können so schmerzen, wenn sie nicht mehr da sind.

„Es sind nicht
die glücklichen Menschen,
die dankbar sind,
es sind die dankbaren Menschen,
die glücklich sind."

Und es gibt viele Menschen, denen all diese Dinge, die mich so dankbar machen, nicht vergönnt sind. Es gibt sie auch, die „Abers", die es manchmal schwer machen. Aber es gibt auch die Dankbarkeit. Wenn ich sie zulasse, hier in ihrer Reinform, und sie ohne Aber stehen lasse, dann weckt sie eine tiefe Freude in mir. Eine, die mich tanzen lassen will! Um all die Abers herum – das ist eine Freude, die mir niemand nehmen kann – nicht einmal die Angst vor einem Schicksalsschlag. Hier und jetzt habe ich Grund zu tanzen.

Es gibt einen bedeutsamen Unterschied zwischen der selbstherbeigeführten Freude und der Freude der Dankbarkeit. Wenn ich mir etwas Schönes gönne, es kaufe, bezahle und mir erarbeite, dann tausche ich die Kraft, Energie und Arbeit gegen etwas Angenehmes und Schönes ein. Ich klopfe mir selbst auf die Schulter und sage: „Gut gemacht!"

Dankbarkeit hingegen sagt: „Wow, was für ein Geschenk!" Dankbarkeit weiß, dass weder meine Fähigkeiten noch die Schönheit dieser Erde, der Geruch von frischem Kaffee, die Wärme einer Sauna, das Licht der Sonne, der Atem in meinen Lungen oder das Geld auf meinem Konto mein Verdienst sind. Alles ist ein Geschenk! Alles ein Privileg! Wer dankbar ist, kann genießen, ohne zu rechnen. Wer dankbar ist, kann genießen und sich freuen, ohne sich zu fürchten. Wer dankbar ist, kann genießen und dann wieder loslassen, denn er kennt sein Morgen nicht – aber den, der die Zukunft schon in seinen Händen hält.

♦♦♦

Manchmal sagen wir, wenn wir uns etwas gönnen: „Das hast du dir verdient!" Besonders, wenn wir dazu neigen, ein schlechtes Gewissen zu haben, oder wissen, dass andere sich dieses Glück nicht leisten können. Doch Dankbarkeit braucht den Vergleich nicht. Sie braucht nicht die Rechtfertigung, etwas geleistet zu haben, um sich freuen zu dürfen. Sie weiß, dass all unsere Leistung nicht ausreichen würde, um zu verdienen, was wir umsonst geschenkt bekommen.

„Dankbarkeit braucht den Vergleich nicht."

Wenn du diese Worte auf Deutsch lesen kannst, ist es sehr wahrscheinlich, dass du zu den reichsten fünf Prozent der Weltbevölkerung gehörst. Du hast so viele Dinge, die der allergrößte Teil der Menschen nicht hat: ein Dach über dem Kopf, ein Bett zum Schlafen, Wasser zum Trinken und mehr als eine Mahlzeit am Tag zu essen. Du bist zur Schule gegangen, hattest sehr wahrscheinlich die Möglichkeit zu studieren oder eine Berufsausbildung zu machen. Du hast in deiner Tasche nicht nur eine Kreditkarte, sondern auch eine Krankenversicherungskarte. Du hast Zugang zu Ärzten und Anwälten. Du lebst in einem demokratischen Rechtsstaat in Frieden. Du musst heute Nacht nicht um dein Leben und das deiner Familie fürchten.

Liam tanzt im Regen

Hast du dir das verdient? Niemand von uns hat sich das verdient! Es ist ein Geschenk, alles ein Privileg! Und ja, wer weiß, ob es dir morgen wieder geschenkt wird. Wer weiß schon, wie lange die Freude noch anhält. Aber heute, heute haben wir viele Gründe, dankbar zu sein. Heute dürfen wir uns freuen. Heute dürfen wir tanzen.

Vier

Die Normalität des Andersseins

Was steht hinter dem Wunsch, ganz in die neue Kultur einzutauchen? Wie viel Anpassung ist Nächstenliebe und wie viel ist der verzweifelte Versuch, geliebt zu werden? Und was würde passieren, wenn wir uns an einen Ort begeben, an dem wir einfach nur wir selber sind?

THEORIE UND WIRKLICHKEIT

Sarah, wenn meine Tante nachher das Baby halten will, sei bitte freundlich zu ihr", sagt mein Mann neben mir im Auto auf der Fahrt zum ersten Familienbesuch mit neuem Baby. Mit „Sei bitte freundlich" meint er – jedenfalls nach meiner Wahrnehmung – „Bitte setze ihr keine Grenzen und widersprich ihr nicht." Aber heute werde ich nicht mit ihm darüber streiten. „Hm", nicke ich nur, während wir weiterfahren. Mir ist bewusst, was er damit meint. Es tut mir leid, dass mein bemühtes, höfliches und bereits sehr an die persische Kultur angepasstes Verhalten oft immer noch harsch erscheint und ihm das unangenehm ist. Gerne würde ich weniger auffallen, weniger „deutsch" sein und ihn in weniger unangenehme Situationen bringen.

Mein normales Verhalten ist einfach oft too much für ihn – diese Feststellung ist für uns beide immer wieder schmerzhaft, aber mittlerweile versuchen wir mehr damit leben zu lernen, als die Tatsache krampfhaft verändern zu wollen.

Ich bin grundsätzlich sehr bemüht, andere Kulturen zu verstehen, mich anzupassen und dazuzulernen. Vier Jahre Theologie- und Missiologie-Studium haben mich geprägt. Sie haben in mich die Überzeugung gepflanzt, dass es dazugehört, sich der anderen Kultur so anzupassen, als würde man eine von ihnen werden. Das bedeutet für mich – um der Liebe willen – ein Stück von mir selbst aufzugeben, die eigenen kulturellen Überzeugungen zu hinterfragen und mich meinem Gegenüber in meiner Sprache,

Worten und Taten so anzupassen, dass ich verstanden werde. Liebe bedeutet in dieser Hinsicht, mich selbst aufzugeben. Jesus sagt: „Ich gebiete euch, einander genauso zu lieben, wie ich euch liebe. Die größte Liebe beweist der, der sein Leben für die Freunde hingibt" (Johannes 15,13).

Unter diesem „Aufgeben", das Jesus hier meint, verstehe ich nicht nur seinen Tod am Kreuz, sondern dass sein ganzes Leben ein Opfer war. Allein, dass er den Himmel mit all seinen Vorzügen verlassen hat, um hilflos in einem schmutzigen Stall geboren zu werden, war ein Aufgeben. Er wurde ein Niemand. Ein ganz normaler Junge, der auch noch einige Jahre auf der Flucht in Ägypten leben musste. Ein junger Mann, der alles gab und sich dafür, neben einer kurzen Phase der Bewunderung, hauptsächlich Kritik einfing. Er hatte und war alles und hat sich doch so an uns angepasst. Gott zog sich Haut an. Und er lebte nicht irgendwie ausgesondert, als ein Fremdkörper unter den Menschen. Nein, er nahm die jüdische Kultur an, tauchte in sie ein, lebte sie. Seine Taten und Worte waren so angepasst, dass die Menschen um ihn herum ihn verstanden. Das ist mein Vorbild.

Ich möchte, wie Paulus es beschreibt, den Juden ein Jude und den Griechen ein Grieche werden. Den Äthiopiern eine Äthiopierin, den Iranern eine Iranerin und den Deutschen eine Deutsche bleiben. In der Bibelübersetzung *The Message* heißt es frei übersetzt:

Obwohl ich frei von den Forderungen und Erwartungen aller bin, bin ich freiwillig ein Diener aller und jedes Einzelnen geworden, um ein breites Spektrum von Menschen zu erreichen: Religiöse, Nichtreligiöse, akribische Moralisten, locker lebende Unmoralisten, die Unterdrückten, die Demoralisierten – wer auch immer. Ich habe ihre Lebensweise nicht übernommen. Ich habe mich an Christus orientiert – aber ich habe ihre Welt betreten und versucht, die Dinge aus ihrer Sicht zu erleben. Ich bin so gut wie jede Art von Diener geworden, die es bei meinen Versuchen gibt, diejenigen, denen ich begegne, in ein von Gott gerettetes Leben zu führen. Ich tat all dies wegen der Botschaft. Ich wollte nicht nur darüber reden, sondern auch dabei sein!

1. Korinther 9,19-23, The Message

Ich will auch nicht nur darüber reden – ich will dabei sein. Ich will es tun, fühlen, sehen und schmecken. Ich will ihre Welt betreten und versuchen, die Dinge aus ihrer Sicht zu erleben – egal, wie anders die Menschen auch sein mögen. Ich will den Kindern ein Mensch auf Augenhöhe werden und den Jugendlichen auf der Straße eine nahbare Sünderin sein. Und dann ist da noch die konservative, amerikanische Nachbarin, der ich kein Dorn im Auge sein möchte, und gleichzeitig die linksliberale Aktivistin auf Instagram, die ich auch in ihrer Welt abholen und nicht vor den Kopf stoßen will.

Ich will bereit sein, meine Rechte aufzugeben, um anderen Menschen zu dienen. Mein Weg ist nicht der einzig richtige. Deshalb will ich meine Meinung infrage stellen lassen. Und ich glaube, wir wären alle ein bisschen glücklicher – und die Welt um einiges friedlicher –, wenn wir diese Richtung öfter einschlagen würden. Denn wirklich glücklich wird, wer gibt und nicht wer nimmt. Wer auf-gibt. Und zwar sich selbst. Das ist der krasse Gegentrend zur Selbstverwirklichung. Diese tut so, als wäre man erst man selbst, bis man sich selbstverwirklicht hat. Was für ein Unsinn: Du bist schon ganz du. Ganz Wirklichkeit.

Soweit die Theorie. In der Praxis sitze ich dann im Auto und sage: „Hm …". Eine Stunde bevor ich die Tante anlächele und sage: „Nein, meine Kinder kennen deinen Namen nicht, sie treffen dich doch heute zum ersten Mal." Und gleich darauf denke ich: „Autsch, das war wohl wieder einmal viel zu direkt."

„Wirklich glücklich wird, wer gibt.
Und nicht, wer nimmt."

Diese kulturelle Anpassungskompetenz hat mich in den letzten Jahren viel Kraft und Gedanken gekostet. Denn neben meinem Wunsch, Menschen in ihrer Welt und auf Augenhöhe zu begegnen, ist einer meiner stärksten Werte authentisch und ehrlich zu sein. Und diese Eigenschaft widerspricht schon in ihrem Kern der Vorstellung von Freundlichkeit und Respekt in den allermeisten Kulturen dieser Welt.

WER BIN ICH?

Wer bin ich und wenn ja wie viele?", ist wohl eine Frage, die mein Dilemma ganz gut auf den Punkt bringt. Meine große Sensibilität anderen Kulturen gegenüber führte in Äthiopien dazu, dass ich mich – besonders im ersten Jahr – ständig nicht nur fragte, was die Menschen sagten, sondern auch, was sie damit meinten. Immerzu war ich am Interpretieren. Und ständig versuchte ich herauszufinden, was sie brauchten. Mein Appel-Ohr war weit offen und zugänglich für alle Botschaften, die mir sagen wollten, wie ich mich zu verhalten hätte. Was ich selbst wollte und wonach ich mich sehnte, trat dabei fast vollends in den Hintergrund.

Wir zogen in unser Haus, nachdem es schon einige Wochen kaum bewohnt gewesen war. Es hatte einen wunderschönen Garten – ohne Zäune. Als wir ankamen, hatte ich mich schon in der Mittagspause im Bikini in der Sonne liegen gesehen. Doch was ich stattdessen sah, waren fremde Männer, die sich sonntagmorgens an unserem Wasserhahn im Garten wuschen. Samt ihrer Kleidung, die sie dann, wie selbstverständlich, auf unsere

Wäscheleine hängten und es sich im Gras bequem machten, solange diese trocknete. Ich fühlte mich unwohl dabei. Unsere Fenster hatten noch keine Gardinen und so konnten mir diese fremden „Untermieter" zusehen, wie ich mir im Pyjama meinen Kaffee kochte. Aber ich hatte keine Ahnung, was für Männer das waren. Wie ich ihnen begegnen sollte und wie ich angemessen mit ihnen reden konnte. Ich wusste nicht, ob es Verwandte meiner Vermieter waren oder arme Bettler aus der Gegend. Und so ließ ich sie in meinem Garten sitzen.

In den ersten Wochen beobachtete ich auch, wie regelmäßig mir unbekannte Männer die Toilette und Dusche in unserem Gartenhaus benutzten. Ganz selbstverständlich gingen sie durch unseren Garten und verrichteten dort ihr Geschäft. Ich wollte nicht unfreundlich sein. Doch sowohl das Wasser aus dem Hahn im Garten als auch das in dem Häuschen wurde schließlich von uns bezahlt.

Unser Haus war zum Zeitpunkt unseres Einzuges nicht im besten Zustand. Aus diesem Grund mussten regelmäßig Handwerker und Klempner kommen, um es für uns bewohnbar zu machen. Dadurch kam es immer wieder vor, dass

Menschen an und um unser Haus herumwerkelten, ohne dass ich davon wusste. Eines Tages wunderte ich mich, was so laut auf unserem Dach klopfte. Als ich hinausging, sah ich, wie mehrere Männer sich an einer Dachrinne zu schaffen machten. Und ich wusste: So konnte es nicht weitergehen.

Ich fragte eine äthiopische Freundin, ob das normal sei. Denn ich war bisher davon ausgegangen, dass dieses Verhalten nur von mir als Deutsche als grenzüberschreitend empfunden wurde. Doch zu diesem Zeitpunkt reichte mein Amharisch bereits aus, um zu verstehen, dass sie der deutlichen Auffassung war, dass jemand, der das Haus – oder in diesem Fall Dach – betritt, vorher „Guten Tag" sagen sollte.

Also ging ich hinaus zu den drei Männern, die auf meinem Dach arbeiteten, lächelte und sagte ihnen freundlich und direkt, in so gutem Amharisch wie möglich, dass ich nicht wollte, dass sie mein Dach noch einmal bestiegen, ohne mir vorher Bescheid zu geben. Ich sagte, in meiner Kultur sei es normal, dass man an der Tür klopft und „Guten Tag" sagt, bevor man das Haus betritt, und dass ich mir das auch von ihnen wünschen würde.

Oh, fühlte sich das gut an!

Außerdem bauten wir einen Zaun. Er schützte den Garten nicht komplett, aber er signalisierte eine Grenze. Für diejenigen, die unseren Garten weiterhin als Beautysalon nutzen wollten und denen das nicht ausreichte, entwickelte ich eine andere Strategie: Angriff war die beste Verteidigung. Ich ging in meinen Garten und sagte freundlich „Guten

Tag". Schon bald darauf wurden die Besuche weniger, da man meine Gesellschaft bei der Morgentoilette wohl genauso wenig schätzte wie ich Beobachter bei meinem morgendlichen Kaffee.

FÜR MEHR REALITÄT

Was man theoretisch richtig findet, das kann ziemlich weit weg sein von dem, was man praktisch aushalten kann", heißt es im Film Auerhaus. Das beschreibt ziemlich gut meine Verzweiflung und den Weg zu meinem Zerbruch.

Vor gar nicht allzu langer Zeit vor unserer Ausreise hatte ich eine klare Meinung dazu, wenn Menschen in Dritte-Welt-Länder ziehen und sich dort im (vergleichsweisen) Wohlstand ein Leben aufbauen und sich in ihrem Lebensstil deutlich von der Bevölkerung abheben. Ich verurteilte dieses kolonialistisch scheinende Leben aufs Schärfste.

Diese Meinung beruhte auch einfach auf der Perspektive meines zwölfmonatigen Abenteuers in Uganda, das sich als „Freiwilligendienst" verkleidete. Zu der Zeit war ich junge neunzehn Jahre alt und mich konnten weder eine Malaria-Krankheit noch trübes Trinkwasser oder sonstige Entbehrungen schocken. Von einem bequemen Sofa im schönen Deutschland aus sagte es sich so schön überzeugt, dass ich das ja selbst gelebt hatte. Es sagte sich so viel leichter als es sich lebte. Ich trug diese Überzeugung in Äthiopien wie eine selbstauferlegte Last auf meinen Schultern.

Eigentlich ist es aber Überheblichkeit. Ich beobachte sie nicht nur be mir selbst, sondern bei vielen belesenen, weitgereisten Menschen in un serem europäischen Kulturkreis. Man denkt, dass man „die richtige“ Ar und Weise gefunden hat, das fremde Land zu bereisen oder dort zu leber Dabei war man auf dem einmaligen Abenteuer mit Desinfektionsmitte bewaffnet, hatte eine Reiserücktrittsversicherung und sämtliche andere Sicherheiten im Gepäck, die man als deutscher Staatsbürger eben ha Man kann auf beiden Seiten vom Pferd fallen.

„Ich weiß, dass ich nichts weiß“, wird nun immer mehr zu meiner Über zeugung, wenn es um verschiedene Kulturen und deren Zusammenleber geht. Denn je mehr ich sehe und weiß, desto weniger weiß ich eigentlich

Ich lag falsch mit meinen verurteilenden Gedanken. Und das nagte ar mir. Meine Welt wird immer bunter, immer weniger schwarz-weiß, meine Blicke immer schärfer und meine Meinung immer weicher.

Denn die Fragen, die ich für mich beantworten musste, waren nich nur, was meine Überzeugungen, meine Vorbilder und meine theoretische Meinung waren. Die entscheidenden Fragen waren: Was kann ich gera de aushalten? Wie viel von mir kann ich gerade aufgeben und was muss bleiben? Wo kann ich Grenzen abbauen und wo muss ich Zäune ziehen?

Man wird nämlich nicht plötzlich Jesus, wenn man ins Ausland geh Man mag vielleicht von anderen als Held oder Heldin wahrgenommer werden und manchmal lässt man sich auch dazu hinreißen, sich selbs ein wenig so zu fühlen. Doch in der Praxis wird man eher als schutzlo es Baby in diese neue Kultur gestellt. Alles ist neu und die Welt um einen herum muss erst erforscht werden. Manchmal auf schmerzhafte Weise, wenn man plötzlich Grenzen entdeckt, wo man keine erwartet hat, und jemanden verletzt, obwohl man eigentlich nur spielen will. Die neue Welt wird einen formen und erziehen und wir sind Lernende in einer fremden Welt. Nur weil wir mutig sind, sind wir nicht angstfrei. Und nur weil wir uns etwas trauen, heißt es nicht, dass wir unverletzbar sind.

Das musste ich mir erst einmal selber sagen und es lernen, um es nun auch dir schreiben zu können.

Meine Welt wird immer bunter, immer weniger schwarz-weiß, meine Blicke immer schärfer und meine Meinung immer weicher.

Ich durfte realisieren, dass ich (noch) nicht so viel von mir aufgeben konnte, wie ich es theoretisch für richtig hielt. Ich durfte mir eingestehen, dass ich meinen eigenen Ansprüchen nicht gerecht wurde. Ich durfte erkennen, dass ich fremde Menschen, die ich nur über Social Media, Bücher oder aus Erzählungen kannte, zu Unrecht verurteilt hatte. Es stand mir nicht zu, über sie zu urteilen. Denn ich lief nicht in ihren Schuhen und ich kämpfte nicht ihre Kämpfe. Aber wir alle leben unter der gleichen Sonne und warum sollte es einem Menschen in Hamburg „erlaubt" sein, ein schönes Haus zu bewohnen und jemandem in Mexiko nicht? Warum dürfen Ärzte

Mercedes fahren und Pastoren nur Skoda? Da sind so viele Fragen, auf die ich keine Antworten habe.

Meine Ansprüche an die anderen waren an meiner eigenen Begrenzung zerbrochen. Und hinter diesem Scherbenhaufen lag ein ungewisser Weg, der mich in eine Freiheit führte, die so viel besser war als die Mauer,

die meiner Meinung nach die Spreu vom Weizen getrennt hatte. Manche Grenzen muss man aufgeben – aus Liebe. Und manchmal auch erst einmal aus Liebe zu sich selbst.

DREI SCHRITTE ZURÜCK

Mit meinem Zerbruch war ich an einem inneren Ort angekommen, an dem ich vorher vorbeigelebt hatte. Er ist immer da gewesen, aber ich hatte ihm keine Beachtung geschenkt. Ich dachte, dass ich darüber längst hinweg war, doch es war an der Zeit für mich, noch einmal drei Schritte zurückzugehen und mir diesen Ort in meiner Seele noch mal anzusehen.

Unter all meiner Überzeugung von Anpassung aus Liebe, meinem heldenhaften Aufgeben meiner Bedürfnisse für andere und meiner kulturellen Kompetenz stieß ich auf eine Frage, die schmerzte. Die mir meine egoistischen Motive vor Augen hielt.

Was, wenn ich mich gar nicht aus Selbstlosigkeit, sondern aus Selbstzweifeln anpassen wollte? Konnte es sein, dass meine eigene Unsicherheit und die Angst, ich selbst zu sein, anders zu sein und nicht gemocht zu werden, noch viel größer waren als die Liebe, die ich so überzeugt vertrat? „Obwohl ich frei von den Forderungen und Erwartungen aller bin ..."[8], beginnt Paulus seinen Text über seine flexible und selbstlose Anpassung an fremde Kulturen. Und jetzt war es für mich an der Zeit, drei Schritte zurückzugehen, denn freiwillige Liebe muss aus einer freien Seele fließen. Und ich war nicht frei.

Wenn ich mir einen kulturellen Fehltritt leistete, jemanden verletzte, zurückwies oder nicht verstanden wurde, tat es mir – wenn ich ganz ehrlich bin – nicht für mein Gegenüber leid, sondern für mich. Denn ich hatte Angst nicht gemocht zu werden, nicht dazuzugehören und nicht den Erwartungen zu entsprechen.

Plötzlich erkannte ich, dass es nötig war, noch viel mehr als drei Schritte zurückzugehen, denn diese Ängste kamen mir sehr bekannt vor.

♦♦♦

Mein dreizehnjähriges Ich kannte diesen Wunsch, um jeden Preis dazugehören zu wollen. Und die Angst davor, allein zu sein. In dem kirchlichen Umfeld, in dem ich aufgewachsen bin, war es wahnsinnig wichtig, dazuzugehören. Es gab ausgesprochene und unausgesprochene Verhaltensregeln, die man befolgen musste, damit man akzeptiert und anerkannt wurde. Je besser man sich an diesen Verhaltenskodex hielt, desto häufiger wurde man zu Geburtstagen und Festen eingeladen. Auch der Einfluss wuchs, wenn man sich an diese Regeln hielt und möglichst konform lebte. Die andere Möglichkeit, dazuzugehören, war, sich den Rebellen anzuschließen. Diese Gruppierung definierte sich dadurch, sich zwar äußerlich weitestgehend an die Regeln zu halten, bei Treffen aber immer wieder zu sagen, wie lächerlich all das eigentlich war, und sich über die regeltreuen Mitglieder auszulassen. Und so war eins ganz klar: Um dazuzugehören, musste man sich anpassen. Welcher Gruppe, konnte man entscheiden, aber man musste sich anpassen.

In meiner Teenagerzeit wurde mir plötzlich sehr klar, dass die Zugehörigkeit zu einer dieser beiden Gruppierungen in der „normalen" Welt keine Bedeutung hatte. Es interessierte auch niemanden, ob ich nun in der Gemeinde pro oder anti war. Die Welt außerhalb der Gemeinde drehte sich nach anderen Regeln – die doch im Kern eigentlich die gleichen waren. Und so wollte ich die Regeln schnell lernen, denn ich war nun einmal fünf Tage die Woche in der Schule und nur einen Tag in der Gemeinde. Schnell war klar, wer in und wer out war.

Wenn man dazugehören wollte, waren modische Kleidung, Anerkennung von Jungs und die starke Abgrenzung von „den anderen" durch Lästern auf jeden Fall große Pluspunkte. Hier entwickelte sich wohl meine kulturelle Anpassungsfähigkeit zum ersten Mal, denn ich konnte in beiden Welten – Gemeinde und Schule – ganz unauffällig sein und dazugehören, je nachdem, wo ich gerade war. Das Problem an dieser Situation war, dass mein Motiv für meine geschickte „kulturelle Anpassung" nicht freiwillige Liebe war, sondern Angst.

Genau die gleiche Angst, die jetzt unter noch viel mehr Anpassungsdruck zwischen diesen noch viel unterschiedlicheren Kulturen zum Vorschein kam. Sie war die ganze Zeit da gewesen. Sie hatte sich nicht erst hier entwickelt. Und sie war keine, die man nur hat, wenn man auswandert oder einen Partner aus einer anderen Kultur heiratet. Diese Angst war tief in mir verwurzelt, und vielleicht ist sie auch in dir.

Ich hatte sie mit nach Äthiopien genommen und die veränderte Situation und der hohe Druck zwangen mich, mich selbst noch einmal anders zu reflektieren. So bekam ich die Chance, meiner importierten Angst in die Augen zu sehen, ihr zu sagen, dass „ich frei von den Forderungen und Erwartungen aller bin", und ihr langsam den Rücken zu kehren.

NICHT GENUG UND DOCH TOO MUCH

Neulich habe ich gelesen: „Die Angst, nicht genug zu sein, und die Angst *too much* zu sein, ist genau die gleiche Angst: die Angst, du selbst zu sein."[9]

Dem konnte ich nur zustimmen, denn meine Angst, ich selbst zu sein, speiste sich aus der Angst, nicht gemocht zu werden und allein zu sein. Doch mein Sicherungsnetz war gerissen. Es gab zu viele Kulturen, zu viele Menschen mit zu vielen unterschiedlichen Überzeugungen, Meinungen und Vorlieben, dass ich nicht mehr allen gefallen konnte. Ich war an dem Punkt, an dem ich mich selbst verlieren würde, wenn ich noch mehr versuchen würde wie die anderen zu sein.

„Ist der Ruf erst ruiniert, lebt es sich ganz ungeniert", sagt mein Vater immer. Und doch möchte ich gefallen und meinen Ruf bloß nicht ruinieren. In dem Zwiespalt zwischen einer deutschen Leserschaft auf dem Blog und in den sozialen Netzwerken, der äthiopischen Kultur, meiner deutsch-persischen Familie und meinem Wunsch, jedem gefallen zu wollen und dabei authentisch zu sein, scheiterte ich.

Und genau hier sah ich der Angst in die Augen und entdeckte zwischen den Kulturen meine Andersartigkeit. So konnte ich Frieden mit mir, meiner Herkunft und meiner Art schließen. Brené Brown sagt:

Wahre Zugehörigkeit ist eine spirituelle Praxis des Glaubens der Zugehörigkeit zu sich selbst, so tief, dass man sein authentischstes Selbst mit der Welt teilen und eine Heiligkeit darin finden kann, sowohl ein Teil von etwas zu sein als auch allein in der Wildnis zu stehen. Um dazuzugehören, musst du nicht ändern, wer du bist. Es erfordert, dass du bist, wer du bist.[10]

„Ich war an dem Punkt,

an dem ich mich selbst

verlieren würde,

wenn ich noch mehr

versuchen würde

wie die anderen zu sein.“

Was wäre, wenn ich mein authentisches Selbst der Welt zeigen könnte und damit leben könnte, allein in der Wildnis zu stehen? Und was wäre, wenn ich mein authentisches Selbst der Welt zeigen könnte und Menschen finden würde, die mich trotzdem lieben würden? Weil ich so bin, wie ich bin.

Ich blickte der Angst in die Augen und sagte: „Lieber bin ich allein in der Wildnis ohne dich, als hier mit dir." Daraufhin sprach ich mit einer äthiopischen Freundin und erzählte ihr, dass mein letztes Jahr hier so schwer für mich gewesen war, weil ich die ganze Zeit versucht hatte, mich angepasst zu verhalten, und dabei immer wieder gescheitert war. Sie antwortete ganz locker: „Sarah, hör auf, dir Sorgen zu machen! Sei einfach du selbst, ich möchte dich als meine Freundin."

Und dann fügte sie hinzu, dass sie auch manchmal too much für die Leute sei. In ihrer eigenen Kultur. Denn die Werte, die sie aus ihrem Glauben zieht, passen nicht immer mit denen aus ihrem Umfeld zusammen. Sie erzählte mir, wie sie sich auf ihrer Arbeit dazu entschieden hatte, nicht mit ihren Kolleginnen über ihren neuen Manager zu lästern, sondern das Gespräch mit ihm zu suchen und ihm zu spiegeln, wie sein Verhalten auf sie wirkte. Dieses Verhalten ließ sie alleine in der Wildnis stehen. Denn ihre Kolleginnen konnten nicht nachvollziehen, warum sie so einen auf „überheilig" machte. Ihr Manager sprach ab diesem Tag nicht mehr mit ihr, aufgrund ihres, seiner Meinung nach, respektlosen Verhaltens.

Ich blickte der Angst in die Augen und sagte: „Lieber bin ich allein in der Wildnis ohne dich, als hier mit dir."

Und hier saßen wir auf meiner Terrasse, jede von uns in ihrer eigenen Wildnis, und hatten etwas gemeinsam. Vielleicht finden wir in der Wildnis die Menschen, die wir wirklich brauchen.

KOMM MIT!

In Äthiopien zu leben, hat mich genug unter Druck gesetzt, lange genug hinzusehen, um diesen Ort in meiner Seele zu entdecken. Herauszufinden, woher meine Angst kommt. Ich brauchte dieses neue Umfeld und die Herausforderungen anderer Kulturen dafür.

Vielleicht ermutigt dich dieses Buch, ebenfalls einmal genauer hinzuschauen. Denn vielleicht stresst auch dich der Druck, deinem Chef, deiner Chefin, deinen Kindern, deinem Partner, deinen Nachbarn, deinen Freunden von früher und deinen neuen Freunden, deinen Instagram-Followern oder ganz allgemein dieser politisch korrekten Gesellschaft gerecht zu werden. Vielleicht merkst auch du, dass du ihnen nicht allen gerecht wirst, und vielleicht fällt dir auf, dass du dir in den Bemühungen, ihnen zu gefallen, selbst gar nicht mehr gefällst.

Mich sehen lassen

Hallo, meine Liebe, schön dich zu sehen,
wie du hier stehst, so wie du bist.
Keiner ist hier, keiner sieht zu.
Hier ist es ruhig und hier bist nur du.

Es ist, wie es ist, und du bist, wie du bist.
Nicht wie andere dich wollen
oder wie du müsstest oder solltest.
Hier bist nur du –
so wie ich dich wollte.

Was würden die anderen wohl sagen,
was würden sie wohl sehen, wenn sie dich hier stehen sehen?
Du siehst all die Schwächen und Dellen hier im Tageslicht,
doch die anderen sehen das vielleicht alles nicht.
Sie sehen vielleicht dein herzliches Lachen, mit den Falten,
die dich noch viel echter machen.

Vielleicht gibt es manche, denen ist das zu viel,
zu ehrlich, zu offen – ein beängstigendes Spiel.
Lass sie ziehen und gehen, aber lass sie dich sehen.
Und sei so frei, sie gehen zu sehen.

Was wäre, wenn du dich genau wie hier in der Stille
den anderen zeigst. Was wäre, wenn du dich nicht
länger verschweigst?

Bist du so weit, einfach nur du zu sein?

Dann komm mit! Lass uns zu dem gehen, der uns von all den Erwartungen und Forderungen frei macht. Lass uns nicht nur drei oder zehn Schritte zurückgehen. Dazu braucht man kein Flugzeug, dazu muss man seine Füße nicht auf andere Kontinente setzen – diese Reise kann man sogar in Fesseln antreten. Lass uns zurückgehen, dahin, wo wir noch nie waren.

Bevor es dich und mich gab, gab es einen, der ist. Lange bevor unsere Eltern aufeinandertrafen, hatte er uns schon im Sinn. Er hatte uns schon gewollt, geplant und freute sich auf uns. Und mit der gleichen Liebe und Freude sieht er uns auch heute noch an. Ihm müssen wir nichts beweisen. Wir müssen uns nicht anpassen und verstellen. Bei ihm sind wir gewollt, geliebt und gehören dazu. Zu ihm. Der Himmel ist der Ort, an dem wir gemacht und erdacht worden sind und der unser ewiges zuhause ist. Hier entdecke ich, dass es nur einen gibt, dem ich gefallen muss, und dass er schon immer überzeugt von mir war.

Und weißt du, wer auch dort ist? Paulus. Er ist schon dort, wo er hergekommen ist. Und er schreibt: „Obwohl ich frei von den Forderungen und Erwartungen aller bin, bin ich freiwillig ein Diener aller und jedes Einzelnen geworden."[11]

Und es dämmert mir: Diese Freiheit, ich selbst zu sein, frei von Erwartungen und Forderungen, macht frei, mich für andere aufzugeben.

Das kann teilweise bedeuteten, dass ich mich anpasse und wie Paulus den Juden ein Jude, den Griechen ein Grieche und den Äthiopierinnen eine Äthiopierin werde. Denn wenn ich die Einsamkeit nicht mehr fürchte und mit mir selbst im Frieden lebe, dann kann ich mich situativ anpassen. Ich kann andere lieben, ohne dabei das Gefühl zu haben, mich zu verlieren. Denn ich brauche das nicht – ich gebe es gern.

Aber ich denke auch an meine äthiopische Freundin, deren Loyalität ihren Werten und ihrem Jesus gegenüber größer war als der Wunsch, zu ihren Kolleginnen zu gehören oder von ihrem Chef gemocht zu werden. Die Liebe trieb sie genau dazu, sich abzugrenzen und nicht eine von ihnen zu werden. Sie fürchtete die Einsamkeit weniger als die Verleugnung ihrer Werte. Vielleicht ist es das, was Paulus meint, wenn er sagt: „Ich habe mich an Christus orientiert - aber ich habe ihre Welt betreten und versucht, die Dinge aus ihrer Sicht zu erleben." Er betritt die fremde Welt, passt sich an, aber nur so weit, wie es seinen Überzeugungen entspricht. Er hat, um es mit den Worten von Brené Brown zu sagen, ein Gesicht voller Liebe und ein Rückgrat aus Mut.[12]

Ich glaube, dass Menschen, die sich freiwillig aus Liebe anpassen und gleichzeitig treu zu ihren Werten stehen, Menschen sind, die ganz genau wissen, wo sie herkommen und wo sie hingehen. Wie Paulus, der auch bereit war, sich vor den Toren der Stadt für seinen Glauben an Jesus steinigen zu lassen. Diese Menschen wissen, wo sie hingehören: in den Himmel. Da ist es keine Überraschung, dass sie hier auf der Erde manchmal etwas anders sind.

Lass uns zu dem gehen, der uns von all den Erwartungen und Forderungen frei macht.

Wir beobachten die Timket-Feierlichkeiten (das Fest zur Taufe von Jesus)

Fünf

Wie langweilig darf ein Abenteuer sein?

Wer bestimmt eigentlich das Tempo unseres Lebens? Wie schnell müssen die Dinge vorangehen und wann ist es zu schnell? Was formt unser Verständnis von gut genutzter Zeit? Und welches Geheimnis wartet auf uns, wenn wir die Rastlosigkeit zu Tode langweilen?

WENN DAS ABENTEUER STILL IST

Anfangs hatten wir überlegt, ob wir unsere Homepage für unser Projekt www.das-addis-abenteuer.de anstatt www.das-addis-projekt.de nennen sollten. Denn der Gedanke an das Wohnen in einem fremden Land war für uns unglaublich abenteuerlich und aufregend gewesen. Wir gingen ja, um kurz noch mal die Welt zu retten – oder so ähnlich. Ich hatte keine genaue Vorstellung von dem gehabt, was uns erwarten würde. Hätte ich eine gehabt, hätte sie sicher komplett anders ausgesehen als die Realität, der ich ein halbes Jahr nach unserer Ausreise ins Auge sah.

Zu diesem Zeitpunkt gingen Reisewarnungen über Äthiopien raus und ich vermutete, dass die Tagesschau in Deutschland sicher auch darüber berichtet hatte. In den letzten Tagen hatte es Unruhen gegeben und einige wichtige Menschen wurden erschossen. Das führte dazu, dass die vertrauensvolle Politik des allseits gelobten Premierministers infrage gestellt wurde. Davon wusste ich aber zu diesem Zeitpunkt nichts, da im Radio nur Beethoven lief. Auch das Fernsehen wurde erst tagelang ausgestellt und danach wurden dort nun Bilder von fünf traurigen und unnötigen Beerdigungen gezeigt. Auch das Internet war stillgelegt – auf nationaler Ebene. Ich wusste also nicht, was meine Familie von dieser Situation mitbekam, ob sie sich Sorgen machte oder nicht. Und ich konnte mich auch nicht bei ihnen melden. Im Land herrschten gerade sehr „abenteuerliche" Zustände, konnte man meinen – andere würden sagen: „gefährlich".

Ich würde sagen langweilig. Denn aufgrund der akuten Situation sollte man möglichst zuhause bleiben. Dort gab es wegen des nationalen Energiemangels kaum Strom, aufgrund von lokalen Wasserpumpen-Problemen immer wieder kein Wasser und wegen der Unruhen auch kein Internet. Und ich saß da. Und es hätte sein können, dass die Stadt in Flammen steht oder dass irgendwo im Land Tausende Menschen demonstrieren und einander Waffen an die Köpfe halten. Doch ich bekam es noch nicht mal mit, hätte eh nichts daran ändern können und saß einfach da und langweilte mich unendlich.

Diese Langeweile kannte ich nicht mehr. Denn in meinem geschäftigen Leben wurde jeder Anflug von Langeweile erst einmal zur Erholung genutzt. Ich las, schlief und beschäftigte mich mit Dingen, für die ich sonst keine Zeit hatte. Und bevor ich überhaupt richtig erholt war, war die Pause, der Urlaub oder der freie Abend auch schon wieder vorbei. Für Langeweile war da gar keine Zeit.

In den ersten Wochen fühlte sich wirklich alles nach Abenteuer an. Und dann wurde es ruhig. Sehr ruhig

Und auch hier kam erst einmal keine Langeweile auf. In den ersten Wochen fühlte sich wirklich alles nach Abenteuer an. Neues Land, neues Haus, neue Gerüche, neue Gewürze, neue Sprache, neues Essen, neue Straßen – alles war neu! Und aufregend. Aber eben nur für eine gewisse Zeit. Wenn man „Herrn Neu" lange genug anschaut, verwandelt er sich irgendwann in „Dr. Normal".

Und dann wurde es ruhig. Sehr ruhig. Ich hatte keine Dienste, Freunde und Freizeitbeschäftigungen mehr, die mich an den Abenden in meinem vorherigen Leben beschäftigt hätten. Ich war einfach zuhause. Tagsüber mit den Kindern – da war ich zwar sehr beschäftigt, aber immer wieder mit den gleichen Routinen. Und abends war nichts los. Da stellte sich mir die ruhige und genügsame „Frau Langeweile" vor. Sie hat keine Eile und alle Zeit der Welt. Meistens war sie still und hatte doch jede Menge Raum, um die Dinge sprechen zu lassen, die schon so lange darauf warteten, endlich gehört zu werden.

Eine Bekannte hat mir einmal von einem Gespräch mit einer Suchtberaterin zum Thema Kindererziehung erzählt. Ihre Frage war, wie sie denn ihre Kinder am besten davor schützen könnte, drogenabhängig zu werden. Ihr schwebten Literatur und Medien zur Aufklärung für unterschiedliche Altersklassen vor. Oder besonders gesunde Ernährung? Und sie fragte sich, wie sie den Spagat zwischen gesunden Grenzen und verantwortungsvoller Freiheit hinbekommen sollte. Also wollte sie von der Suchtberaterin wissen, ob es da irgendwelche Leitlinien und pädagogischen Hilfen gab.

Die Beraterin wusste tatsächlich eine Antwort. Doch sie lautete ganz anders als erwartet: „Setz deine Kinder immer wieder Zeiten der Langeweile aus. Wer Langeweile aushalten kann und mit sich selbst etwas anfangen kann, ohne von äußeren Einflüssen abhängig zu sein, der ist laut Studien am wenigsten suchtgefährdet."

Nein, ich bin natürlich nicht abhängig. Erst recht nicht von Drogen. Ich weiß wohl, wie Wein und Zigaretten schmecken. Ich habe als Teenager auch mal kurz gekifft. Und ja, man würde mich wahrscheinlich in die Gesellschaft der Zuckerabhängigen einordnen. Aber drogenabhängig, nein, auf keinen Fall!

Außerdem bin ich der „wirklich sehr beschäftigte" Typ Mensch. Zumindest war ich es und werde es sicher auch bald wieder werden. Ich habe viele Träume und viele gute Ideen. Da bleibt nun wirklich keine Zeit, mich mit solchen Empfindlichkeiten und Haarspaltereien aufzuhalten, ob Zucker nun wirklich eine Droge ist oder nicht. Oder das mit dem Handy. Also, das ist ja nun wirklich mein Arbeitsgerät. Instagram, Blog und E-Mails wollen alle durch dieses notwendige kleine Ding, das sich 24/7 in meiner Reichweite befindet, bedient werden. Außerdem ist es mein Tor zur Welt, meine Verbindung zu meiner Familie zuhause und meinen Freunden. Nein, ich bin nicht abhängig davon!

Was ich von dieser Stille halte, während ich in Äthiopien zuhause sitze? Ich halte sie kaum aus.

Doch hier bin ich. Und es ist still. Sogar mein Handy gibt keinen Mucks von sich. Mir fällt auf, dass ich bei Instagram viel zu oft bei „Sie sind auf dem aktuellen Stand" angekommen bin. Und wenn sich die Stille irgendwann nicht mehr vermeiden lässt, dann halte ich sie kaum aus.

Man sagt von mir, wie auch von all den anderen Achievern, Machern, Gründern, Influencern und Weltveränderern meiner Generation, dass ich ein mutiger Mensch bin. Dass ich Risiken eingehe und viel aufs Spiel zu setzen bereit bin. Dass ich stark und kompetent bin und viel Leistung erbringen kann – by grace alone natürlich, sagen wir als Christen dann. Hier lebe ich nun mein abenteuerliches, in Deutschland bewundertes, ach so mutiges Leben – im Ausnahmezustand. Aber für die Stille bin ich nicht mutig genug. Bin ich dann überhaupt mutig? Ich halte die Stille kaum aus, weil dann die Angst kommt. Sie hat jetzt Raum, endlich gehört zu werden. Frau Langeweile hat ihr das erlaubt und die fand ich ja, nebenbei gesagt, schon direkt auf den ersten Blick unsympathisch. Doch vor der Angst kommen zuerst die To-dos, dann kommen die nicht zu Ende gedachten Gedanken der letzten Tage und Wochen. Doch da das keinen Spaß macht, höre ich damit schnell wieder auf. Ist ja auch nicht effektiv. So rumsitzen und denken. Doch jetzt bin ich gezwungen, die Stille noch länger auszuhalten.

Und nach all den unbeendeten Gedanken und vergessenen Aufgaben kommt sie dann an die Reihe: die Angst. Sie macht mich unruhig, denn sie bringt Vorwürfe und Anklagen mit: „Du wirst doch hier nicht fürs Rumsitzen bezahlt", flüstert sie. Oder: „Hast du denn wirklich nichts Sinnvolles zu tun?" Schlagwörter wie faul, orientierungslos und Nichtsnutz rieseln als Beschreibungen auf mich ein. Und dann kommt die Scham: „Wenn deine Spender das wüssten, dass du hier einen Abend einfach herumsitzt. Dass du nicht pausenlos die Welt rettest. Wenn die Menschen da auf Instagram wüssten, was für ein Loser du eigentlich bist. Wenn die, denen du große Visionen von einer Veränderung in Äthiopien erzählt hast, wüssten, dass es hier so still ist, dass du nichts reißt und hier sitzt. Wer würde dich so lieben? So einfach hier sitzend? Was bist du denn wert, wenn du doch eigentlich ein Niemand bist hier und nichts leistest?"

Für die Stille bin ich nicht mutig genug.

Und innerlich nicke ich. Erinnere mich wieder, warum ich diese Stille so hasse. Aber nun hat sie mich schon gelähmt, hat mich schon so eingenommen, dass ich ihr gar nicht mehr entfliehen kann. Und es ist still. Nichts mehr zu denken und zu fühlen. Nur noch Stille. Frau Langeweile in Bestform.

Äthiopien hat mich zwangsentschleunigt. Das war keine bewusste, hippe, achtsame Entscheidung – für mich war es ein schmerzhafter Entzug meines geschäftigen Lebens.

Am meisten bekam ich den Entzug der Geschwindigkeit, die Langsamkeit, an den Abenden zu spüren. Dort breitete sie sich aus und nahm vollen Raum ein. Aber sie zog sich auch durch meinen Alltag. In Deutschland hatte ich es Kochen genannt, wenn ich die zuvor geputzten und nach Größe sortierten Kartoffeln geschält und gekocht hatte, dann die Eier aus dem Kühlschrank in der Pfanne gebraten hatte und dazu den Rahmspinat aus dem Tiefkühlfach im Topf erwärmt hatte.

Hier dauerte das gleiche Kindergericht plötzlich doppelt so lange. Die Kartoffeln mussten zunächst von der Erde, die an ihnen haftete, befreit werden. Das Schälen dauerte länger, weil sie nicht schon rund und perfekt geformt waren wie in Deutschland. Und das Kochen dauerte länger, weil wir uns auf 2500 m Höhe befanden und Wasser hier nicht so schnell kocht. Die Eier aus dem Supermarkt mussten erst den Wassertest bestehen, um nur die zu braten, die noch nicht schlecht waren. Und wenn ich sie direkt aus dem Hühnerstall der Nachbarin holen wollte, musste ich erst einmal das Haus verlassen und nicht nur drei Schritte zum Kühlschrank gehen. Der Spinat kam auch nicht aus dem Tiefkühlfach, sondern im Bund vom Gemüsemann, so wie er auf dem Feld geerntet wurde. Er musste zunächst gewaschen und sortiert werden, dann klein gehackt und danach mit Zwiebeln angebraten werden.

Das alles ergab ein leckeres Essen. Ich war auch dankbar, dass ich es zubereiten durfte.

Diese Beschreibung soll auf keinen Fall nach einer Beschwerde oder Gejammer klingen, sie soll nur verdeutlichen, wie mein Alltag plötzlich durch viele kleine Momente länger dauerte. Der Abwasch nach dem Essen wurde per Hand gemacht – einen Geschirrspüler hatten wir nicht. Staubsauger auch nicht und so wurde eben gefegt und gewischt. Viele Dinge waren nicht so verlässlich und immer verfügbar, wie wir es gewohnt waren: Strom, Wasser, Internet und viele andere Kleinigkeiten oder bestimmte Lebensmittel. Es gab nur einen Käse und dieser Käse war manchmal einfach nicht verfügbar. Oder ich wollte Avocados kaufen, aber es gab eben gerade keine reifen. Oder die Zuckerfabrik stand in Flammen und dann gab es eben einfach plötzlich im ganzen Land keinen Zucker mehr.

Das alles war gar nicht so schlimm. Schlimm war, was es mit mir machte. Welche Rastlosigkeit es offenbarte. Aber vielleicht war es gleichzeitig das Beste, was mir passieren konnte. Denn jetzt konnte ich das Problem sehen.

Äthiopien hat mich zwangsentschleunigt.
Das war keine bewusste, hippe, achtsame Entscheidung – für mich war es ein schmerzhafter Entzug.

Der Berg Imet Gogo
in den Simien Mountains

GESCHICHTE DER GESCHWINDIGKEIT

Ich habe meiner – und vielleicht unserer aller – Rastlosigkeit ins Gesicht blicken müssen. Und habe mich mit ihr auseinandergesetzt, denn Zeit hatte ich ja an diesen vielen langen Abenden. Dabei habe ich entdeckt, dass unsere Rastlosigkeit eine Geschichte hat.

200 Jahre nach Christus schrieb der römische Autor Plautus: „Den Mann, der herausfand, wie man Stunden unterscheidet, müssen die Götter verwirrt haben. Auch der, der die erste Sonnenuhr aufgestellt hat, muss von den Göttern verwirrt worden sein, der der meine Tage so elendig in kleine Portionen zerhacken ließ."[13] Denn stell dir vor: Es gab eine Zeit, da gab es keine Zeit. Keine Uhrzeit zumindest. Es gab eine Zeit, da lebten Menschen nach Rhythmen, Tages- und Jahreszeiten. Im Sommer waren die Tage lang, im Winter kurz. Wenn man Hunger hatte, aß man und wenn man müde war, schlief man. Erst 1370 wurde die erste öffentliche Kirchturmuhr an den Kölner Dom gehängt und symbolisierte damit einen Wendepunkt der westlichen Gesellschaft. Sie brachte uns die unnatürliche Zeit.

Heutzutage richten wir uns strikt nach der Zeit, die die Uhr vorgibt. Wir stehen auf, wenn der Wecker klingelt, nicht wenn wir fertig mit Schlafen sind. John Mark Comer schreibt in *The ruthless elimination of hurry* (Die radikale Beseitigung der Eile):

Hier war sie, die Unabhängigkeitserklärung des Menschen von der Sonne. Ein neuer Beweis für seine Herrschaft über sich selbst und seine Umgebung. Erst später würde enthüllt werden, dass er diese Herrschaft nur dadurch erreicht hatte, dass er sich unter die Herrschaft einer Maschine stellte, die noch viel höhere Ansprüche an ihre Unterworfenen hatte.[14]

Die Gesellschaft nahm 1879 mit der Erfindung der Glühbirne noch mal eine neue Geschwindigkeit auf. Denn nun konnte man auch nach Sonnenuntergang wach sein. Ich finde es eine fast verrückte Vorstellung, dass das vorher nicht möglich war. Und dennoch war das Leben offensichtlich möglich gewesen, vielleicht viel weniger unmöglich, als es heute ist. Vor dieser Erfindung schlief ein Mensch durchschnittlich elf Stunden pro Nacht. Heute sind es nur noch sieben.[15]

Im letzten Jahrhundert wurden weitere Dinge erfunden, um Zeit und Kraft zu sparen. Früher ging man in den Wald, holte Holz und machte ein Feuer, wenn einem in der Wohnung kalt war. So haben wir es übrigens in Äthiopien auch gemacht. Doch der Bewohner der westlichen Welt nimmt heute sein Handy aus der Tasche und schiebt den Regler für die Heizung etwas nach oben – wenn er will sogar schon auf dem Weg von der Arbeit nach Hause. Wer keine Zeit hat, um seine fertig zubereiteten Zutaten zu einer Mahlzeit zu kochen, ruft den Lieferservice. (Den gab es übrigens nach einigen Monaten Gott sei Dank auch in Addis Abeba!) Wollen wir jemandem etwas sagen, schreiben wir heute E-Mails, keine Briefe; wir laufen nicht, wir fahren Auto. Dabei sparen wir jede Menge Zeit. So viel Zeit, dass man anfangs Angst hatte, die Menschen würden nicht genug Arbeit haben und zu viel Freizeit. Und doch ist das Gegenteil der Fall: Wir arbeiten heute viel mehr als je zuvor.

Früher war Freizeit ein Zeichen von Wohlstand. Wer es sich leisten konnte, trank Wein oder spielte Tennis. Heute ist die Geschäftigkeit das Wahrzeichen des Reichtums.[16] In Rolex-Werbungen zeigte man früher reiche Menschen am Pool mit Champagner. Heute zeigt man die Reichen in einem wichtigen Meeting in New York City, spät abends an der Bar oder die Welt bereisen.

Mit dem Beginn des digitalen Zeitalters um 2007, mit dem iPhone-Release, dem Start von Facebook und Twitter schalteten wir noch einmal einen Gang an Geschwindigkeit hoch. Schon bald konnten wir uns kein Leben mehr ohne mobiles Datenvolumen und ständig verfügbares WLAN vorstellen.

Wir können uns nicht mehr vorstellen, ohne etwas zu leben, das die Welt noch gar nicht kannte, bevor wir geboren wurden. Bei John Comer lese ich, dass wir so kurzlebige, schnelle Informationen gewohnt sind, dass wir uns nicht mehr lange genug auf eine einzelne Sache konzentrieren können.[17] Das ist eine der Auswirkungen der ständig onlinen Gesellschaft. Trotz der schnellen Geschwindigkeit und der schnellen Verfügbarkeit von Dingen und Informationen stellt sich bei uns einfach keine Ruhe, Zufriedenheit oder Entspannung ein. Im Gegenteil: Wir spüren eine tiefe innere Unruhe und Rastlosigkeit.

Es scheint, als wäre unsere Gesellschaft zu schnell, um innehalten zu können und sich zu fragen, was diese Geschwindigkeit mit unseren Seelen macht.

Es scheint, als wäre unsere Gesellschaft zu schnell, um innehalten zu können und sich zu fragen, was diese Geschwindigkeit mit unseren Seelen macht.

”

Ich habe vor einiger Zeit auf Instagram gefragt, was Langsamkeit mit den Leuten macht. Und die Antworten spiegeln sowohl meine eigene Wahrnehmung als auch die von vielen, vielen von Rastlosigkeit geplagten Seelen in unserer Welt wider:

Beim Übergang von einer sehr stressigen Zeit zu einer erholsamen, freien Zeit bekomme ich regelmäßig eine Identitätskrise, in der sich anstatt Glück und Entspannung zuerst einmal eine große Unzufriedenheit breitmacht.

@dorodiedorohurra

Mir fällt es sehr schwer, Dinge langsam und bedacht zu tun. Ich will zu viel und zu viel auf einmal. Erst wenn ich krank werde und gezwungen bin runterzufahren, komme ich zur Ruhe.

@alltagsfreuden

Ich bin langsam, wenn mich das Leben ungefragt bremst. Wenn ich auf einmal richtig krank werde, wenn meine Arbeit mir nicht genug Aufgaben gibt, wenn das Wetter dazwischenspielt... Ich habe mich selten freiwillig für die Langsamkeit entschieden. Am Anfang hasse ich es immer. Ich möchte produktiv sein, denn die Gesellschaft und vor allem ich erwarten, dass man dies ist. Ich fühle mich oft dann erst einmal richtig nutzlos.

@nora_krauss

Ich kenne es gut, mich irgendwie getrieben zu fühlen. Ich kann nicht einmal ganz genau sagen wovon. Vermutlich auch von dem Wunsch, produktiv zu sein, was anzupacken und zu schaffen.

*@dr_kathi_*

DEN ÜBERDRUSS ZU TODE LANGWEILEN

Hier sind wir also. Lass uns diese Entwicklung der Geschichte und unsere heutigen Herausforderungen einmal als Standortbeschreibung nehmen. Ja, rein physisch befand ich mich auf einem anderen Kontinent, und doch standen wir beide vielleicht oft am gleichen Ort. Einem Ort der Rastlosigkeit und des Sich-getrieben-Fühlens. Vielleicht bist du ja auch gerade dabei, vor der Ruhe davonzulaufen?

Dann sind die Worte des schwedischen Pastors und Buchautors Tomas Sjödin genau das, was unsere gehetzten Seelen hören müssen. Und weil wir noch genug Sehnsucht nach Ruhe haben und auch irgendwie müde sind, vor uns selbst davonzulaufen, bleiben wir kurz stehen und hören, was er in *Warum Ruhe unsere Rettung ist*, sagt:

> *Wenn die Rastlosigkeit einsetzt, ist er erste Impuls: Ich muss etwas tun. Was auch immer, nur nicht das woran ich gerade bin. Diesem Impuls zu folgen, ist genau das, was die Rastlosigkeit will, aber nicht das, was der Rastlose jetzt braucht. Die Rastlosigkeit kann nie „weggeschafft" werden. Nach meiner Erfahrung kann ich nur eines empfehlen – so widersprüchlich es auch scheinen mag: dem Gedanken zu folgen wagen, dass ich jetzt nur eins brauche, und das ist Nichtstun. Mich eine Weile hinsetzen.*

Nirgends hingehen, nichts Neues anfangen, niemanden anrufen, keine Mails checken. Mir fehlt nichts als eine Pause. Ich bin ja nicht beschäftigungslos, ich bin rastlos.[18]

Weiter schreibt er: „Die Herausforderung besteht darin, der Rastlosigkeit die Stirn zu bieten, indem man sich eine Weile der Länge nach auf die Küchenbank legt und dem Gedanken nachgeht, dass das Leben trist ist, und dann nicht zu früh aufsteht."[19] Er erzählt, dass er sich dann vorstellt, dort zu sein, wo er gerade lieber wären, und sich bewusst macht, dass er sich genau dort wieder an den Ort zurücksehnen würde, an dem er sich aktuell befindet.

Seine Aussage trifft genau das, was ich betonen möchte: Wichtig ist nicht der Ort, an dem wir uns befinden, sondern wo wir innerlich stehen. Ich befürchte nämlich, dass dieses Buch in einigen Lesern auslösen könnte, was Bücher von Menschen in fremden Ländern häufig in mir ausgelöst haben: den Gedanken, dass mein Leben besser wäre, wenn meine Füße auf einem anderen Kontinent stünden. Und ja, es stimmt, dass ich persönlich diese Erfahrungen in Äthiopien machen durfte. Die Fremde, das veränderte Umfeld und verschiedenen Entbehrungen haben etwas in mir hervorgeholt, was ich vorher nicht sehen konnte.

So kann es natürlich sein, dass du eine deutliche Veränderung – vielleicht auch einen Ortswechsel – brauchst, um an diese Orte in deiner Seele geführt zu werden. Aber es wäre ein Trugschluss, zu denken, dass diese Orte in uns nur weit weg und auf Reisen zu finden wären. Ich habe diese Orte entdeckt, weil ich sie mitgebracht habe. Egal, wo wir hingehen, wir nehmen uns selbst mit – und das ist Herausforderung und Chance in einem.

Tomas Sjödin schreibt weiter – und ich stelle ihn mir dabei ausgestreckt auf seiner Küchenbank vor, in einem Haus, das ein bisschen wie das von Peterson und Findus aussieht:

Die Rastlosigkeit ist ein Kurzstreckenläufer, der relativ leicht zu besiegen ist, wenn man ihn auf einer längeren Distanz herausfordert. Vielleicht sogar, indem man all seinen Mut zusammennimmt und sich der Frage stellt: Wovor renne ich eigentlich weg? Dasselbe gilt für den Überdruss. Man muss ihn zu Tode langweilen.[20]

Wichtig

ist nicht der Ort,

an dem wir uns befinden,

sondern

wo wir innerlich stehen.

Hier befand ich mich also abends im dunklen Äthiopien, vom Abenteuer gelangweilt, vom Rest der Welt abgeschnitten. Die Bordsteine waren hochgeklappt, die Stromleitungen leer und im Radio lief nur Beethoven. Die Stille war nicht auszuhalten. „Ich würde dich hier lieben, wenn du erlaubst. Einfach so wie du bist. Einfach nur, weil du da sitzt. Einfach, weil du bist. Ich liebe dich genau hier", hörte ich es in die Ruhe flüstern. Und weil all der Gedankenmüll vorher aus meiner Seele geräumt worden war, weil ich Zeit hatte, überhaupt hinzusehen, und weil all die Ängste ans Licht getreten waren, nahmen sie plötzlich keinen Raum mehr in meinem Herzen ein. Allein sie wahrzunehmen, löste sie im Licht bedingungsloser Liebe in Luft auf.

In der leeren Stille wurde ich in eine neue Ruhe und Zufriedenheit getragen.

In dieser Stille meiner Seele waren Raum und Leere, sodass Gottes Liebe genau auf all die tiefen und jahrelang unberührten Stellen fallen konnte. Orte, die nur die Stille hervorbringen konnte. Innere Orte, an denen ich einfach existierte. An denen ich nichts mehr vorzuweisen hatte als einzig und allein meine Existenz, für die ich nicht einmal die Verantwortung trug. Und an diesen Orten geliebt zu werden, tat unendlich gut! Das Geliebtwerden darf man an dieser Stelle nicht mit getröstet werden verwechseln, denn es ging mir ja nicht schlecht, ich wurde hier auch nicht bemitleidet. Es war hier einfach nur leer. Nicht traurig, nicht fröhlich, nicht stressig, nicht fordernd – einfach leer.

Hier war Leere, die gefüllt werden wollte. Und dorthinein kam die Liebe. Sie fiel an die Orte, die viel zu oft mit Screentime, Schokolade und Geschäftigkeit betäubt worden waren, weil ich oft nicht wirklich mutig war – weil das echte Abenteuer sich eben hier in mir abspielte und nicht nur auf den Straßen von Addis Abeba oder in der Tagesschau. Meistens war ich nicht mutig genug, die Leere auszuhalten und den Ängsten ins Gesicht zu schauen. Nicht mutig genug, mir einzugestehen, dass die Zweifel auch an mir nagten. Und dass da ganz tief innen eine Sehnsucht war, die immer noch nicht gestillt war.

Erst ist sie nicht auszuhalten. Und dann hält sie dich. Was erst kaum zu ertragen war, ist plötzlich das, was trägt. In der leeren Stille wurde ich in eine neue Ruhe und Zufriedenheit getragen.

Eine Dorfkirche

GESCHWINDIGKEITSLIMIT

Nun war es ja so, dass diese Ausnahmesituation auch nicht ewig andauerte. Und wer drei kleine Kinder hat, nebenbei ehrenamtlich und bezahlt arbeitet, studiert und ein Buch schreibt, klagt auch langfristig nicht über Langeweile. Diese Zeit der Ruhe war eine besonders wertvolle Phase, die auch wieder vorbeiging. Und doch habe ich langfristig aus ihr gelernt, möchte sie nicht missen und aus ihr lernen. Ich habe eine neue Tiefe meiner Seele entdeckt und an Orte geblickt, die ich zuvor nicht kannte. Ganz tief in mir, da, wo es ganz still ist und wo man selten hinkommt, wurde etwas in mir berührt und ist dabei heil geworden.

Aus der Berufswelt, aus der ich kam, arbeiten Pastoren und Gemeindeleiter/innen sechs Tage die Woche. Der Leistungsdruck wurde für vollzeitliche Gemeindemitarbeiter noch einmal in die Höhe getrieben. Arbeit ist das Leben und alles zu geben das Prinzip dahinter. Zum Glück hatten die Supermärkte in Hamburg 7 Tage und 24 Stunden geöffnet, so konnte man bis in die Nacht arbeiten und wurde trotzdem noch satt. Die freien 24 Stunden pro Woche waren dann nicht nur dazu da, sich für die nächste Arbeitswoche zu erholen, sondern mussten auch für Familienfeiern, Arzttermine und Hausarbeit genutzt werden. Ich kannte keine Langeweile. Das letzte Mal hatte ich Langeweile gehabt, als ich als Sechsjährige endlose 30 Minuten auf der Schaukel darauf wartete, dass wir endlich los zu Oma fuhren. Zumindest kann ich mich danach an kein weiteres Mal erinnern.

Und nun war ich hier gestrandet und durfte nach der Leere, die der Aktivitätsentzug mit sich brachte, lernen, wie ich meinen Alltag neu gestalten wollte. Es stellten sich mir plötzlich neue Fragen: Wie sollte unsere Woche aussehen? Was musste sein, was nicht? Und da ich ja sowieso fremd und für niemanden so richtig normal war, durfte ich das wirklich ganz frei entscheiden – ohne Druck. Nur mit meinem Ohr an Gottes Herzen.

Ich liebe es, zu arbeiten. In der Bewegung entspanne ich mich, fühle mich lebendig, eine Idee führt mich zur nächsten, ich komme in einen Flow, will schaffen, schreiben, weitergeben, träumen, leben! Ein Leben in der Hängematte kann ich mir nicht vorstellen. Auch diese ewige Stille brauche ich nicht ständig. Ich glaube, dass ich hier auf dieser Erde einen Auftrag habe und Begabungen, und es macht mir Freude, die auszuleben. Aber dabei möchte ich nicht mehr müde sein. Ich will nicht mehr gestresst und unkonzentriert sein. Ich will nicht mehr alles Mögliche machen und schaffen und schon beim nächsten Projekt sein, bevor ich den Erfolg des letzten gefeiert habe. Ich will das nicht mehr. Und deshalb brauche ich ein Geschwindigkeitslimit. Dieses Limit nenne ich Sabbat: Das sind 24 Stunden pro Woche, in denen wir als ganze Familie nicht arbeiten – weder bezahlt noch unbezahlt. Wir tun nichts, außer dankbar zu sein und es uns gut gehen zu lassen.

Das ist gar nicht so einfach, denn so eine arbeitsfreie Zeit möchte vorbereitet werden. Wenn ich an diesem Tag nicht kochen möchte, muss ich es am Tag vorher tun. Es müssen genügend Lebensmittel im Haus sein. Und wenn ich nicht aufräumen möchte, muss ich am Tag vorher so aufräumen, dass mal einen Tag lang alles liegen gelassen werden kann und man sich trotzdem noch bewegen kann. Wir kaufen also am Tag vorher ein, kochen vor, machen den Abwasch, räumen auf, beantworten noch die dringendsten E-Mails und dann pflücke ich meistens ein paar Blumen und stelle sie auf den Tisch oder backe einen Kuchen. Diese Routine des Vorbereitens und Aufräumens ist für unsere Familie fast genauso schön wie der Ruhetag selbst. Es liegt eine geschäftige Vorfreude in der Luft, wie kurz vor einem Fest. Die Kinder scheinen ganz genau zu wissen, dass der folgende Tag der ist, an dem Mama und Papa Zeit haben, weniger aufs Handy gucken, sich mal mit auf den Boden zum Spielen setzen oder bis mittags im Schlafanzug Tierfilme gucken.

In Äthiopien haben wir begonnen, unseren Tag meistens gleich zu starten – und so machen wir es immer noch: Es gibt French-Toast mit Erdbeeren, Bananen und Sahne (in Äthiopien war es die haltbare Sahne aus Deutschland). Dann wird gespielt, gelesen oder eben einfach mal nichts gemacht. Manchmal machen wir auch einen Ausflug, essen außerhalb oder bekommen Besuch.

Wenn ich an diesem Vorgehen zweifle, erinnere ich mich an meine Kindheit auf dem Dorf in Schleswig-Holstein, in dem um 18 Uhr alle Läden schlossen. Am Sonntag war nichts offen, außer der Kirche. Wer etwas brauchte, der musste 24 Stunden darauf warten oder seine Nachbarn fragen. Damals ist es kein Problem gewesen, so zu leben. Und das ist nicht einmal lange her.

Einmal habe ich eine Geschichte von einem jüdischen Kaufhausbesitzer in einer geschäftigen amerikanischen Großstadt gehört. Er schloss sein Kaufhaus jeden Samstag. Und die Menschen fragten ihn, wie er dazu käme, warum er dies täte und rechneten ihm die Gewinneinbußen vor, die diese Entscheidung mit sich brachte. Er erwiderte nur: „Ich diene einer höheren Macht."

Ich darf mein Tempo drosseln.
Und bin trotzdem geliebt.

”

Diese Gradlinigkeit hat mich beeindruckt. Und immer wenn der Druck und Stress und Deadlines mich dazu bringen wollen, doch Kompromisse zu machen und zu arbeiten, wenn ich eigentlich ruhen wollte, versuche ich daran zu denken: Ich diene einer höheren Macht. Mein Erfolg und mein Gewinn sind nicht nur von menschlichen Rechnungen abhängig. Und ich darf sein, ohne zu leisten. Ich darf mein Tempo drosseln. Und bin trotzdem geliebt.

Immer wenn mir dieser Tag gerade gar nicht in den Kram passt, wenn er mir zu lang, zu ruhig, zu unnütz scheint, ist es ein deutliches Zeichen, wie wichtig er ist. So ist dieser Tag nicht nur mein Geschwindigkeitslimit, sondern in gewisser Weise auch mein Alarmsignal, wenn ich schon wieder viel zu lange zu schnell unterwegs war. Wenn ich rastlos bin, muss ich wieder eine Weile „den Überdruss zu Tode langweilen" und mich von der Stimme in der Stille tragen lassen: „Ich würde dich hier gerne lieben, wenn du es erlaubst." Und ich sehe mir meine kleine drei Monate alte Tochter an und lerne von ihr.

*Tessa durchschläft Schatten
und Sonne*

Alles, was ich will

Sie liegt einfach da. Sie ist still.
Die Hände offen, Mund geschlossen.
Sie liegt einfach da. Das ist alles, was
sie will.

Und was sie will, ist nicht mehr als das, was sie
braucht. Und was sie braucht, ist nicht viel mehr als
Luft und Liebe und ein bisschen Milch hier und da.
Und dann bin ich ihr nah.

So nah, dass auch was ich will, immer weniger wird,
dass das, was ich nicht habe, mich weniger stört.
Und die, die wir sind, in den Fokus rückt. Wir beiden
Himmelsbürger hier auf Erden, um Liebe zu geben,
um gerettet zu werden. Ich bin deine Mama und du
bist mein Kind und uns trennen dreißig Jahre,
die doch lächerlich sind.

Denn was uns verbindet, ist:
wir sind beide gleich. Aus Staub gemacht und zu
Staub werden wir gleich. Doch bis dahin sind wir hier,
hier unten auf Erden. Und wie schön wäre es, wenn
wir es schaffen, zu sein und vergessen, immer nur zu
fragen: „Was wird nur werden?" Sie liegt einfach da.
Sie ist mausestill.

Die Hände offen, Mund geschlossen.
Sie liegt einfach da. Sie ist still.
Das ist alles, was ich will.

Sechs

Leben jetzt und hier

Ich habe immer einen Plan, weiß, was als Nächstes passiert, habe die Erfolgskurve der nächsten Jahre vordefiniert. Doch was wäre, wenn Gottes Pläne zu meinen werden? Was wäre, wenn ich meine Zufriedenheit nicht mehr aus dem Abhaken von To-dos und dem Erreichen von gesetzen Zielen ziehe, sondern aus dem Leben nach Gottes Plan? Was wäre, wenn jeden Tag treu mit ihm zu gehen, mein Glück wäre?

PLANLOS

Ich sollte einen Plan machen", denke ich. Mehrere Nachbarn und Freunde haben mich bemitleidet und/oder mir Hilfe angeboten, weil mein Mann für eine Woche vereist ist. Aber mich schocken solche Wochen gar nicht. Nicht mehr.

Meine zweite Tochter ist gerade vier Wochen alt gewesen, da ist mein Mann für zwei Wochen auf Jugendfreizeit gefahren. Er war damals Jugendpastor. Nach der Freizeit brauchte er eine Woche Regenerationszeit und vorher eine Woche Vorbereitungszeit. Nach diesem Monat hatte ich meinen ersten Migräneanfall, aber ich habe überlebt. Ich wusste nämlich, wie man solche Zeiten übersteht: Man denkt voraus und macht einen guten Plan für alle Eventualitäten.

Drei Jahre später sitze ich nun in Äthiopien und mein Mann ist vereist. Die Kinder schlafen, die Wohnung ist halbwegs aufgeräumt und ich esse Schokolade. Das Internet funktioniert wieder nicht und ich denke: „Es ist 22 Uhr. Soll ich ins Bett gehen? Nein, ich sollte einen Plan machen."

All meine Erfahrung als Mutter sagt mir, dass der kommende Tag mit einem Plan um einiges stressfreier werden wird: Wenn ich mir einen Wecker stelle, der eine halbe Stunde vor Erwachen der Kinder klingelt und ich mir überlegt habe, was ich mit den Kindern vormittags machen möchte. Am besten lege ich schon eine Anleitung zum Basteln, samt benötigter Materialien, bereit und weiß, was es zum Mittagessen gibt und ob dafür noch etwas eingekauft werden muss – was gegebenenfalls den Bastelplan wieder zum Wanken bringen wird. So wird der Tag deutlich entspannter verlaufen, als wenn mich die Kinder müde aus dem Bett ziehen, ich dann am nicht abgeräumten Frühstückstisch denke: „Und jetzt?", während die Kinder schon alle möglichen „guten Ideen" haben, denen ich dann die nächsten 12 Stunden hinterherhechte und versuche, dabei noch aus dem halb leeren Kühlschrank ein oder zwei Mahlzeiten zu zaubern.

„Ich sollte einen Plan machen", denke ich also kurz. Und dann verwerfe ich den Gedanken wieder. Denn wer weiß, ob wir morgen Strom haben? Davon wird abhängig sein, ob ich einen Auflauf im elektrischen Ofen oder etwas auf dem Gasherd kochen muss. Und ob ich drinnen mit dem Bügeleisen Bügelperlenbilder bügeln kann oder nach draußen gehen muss, um Licht zu haben. Aber vielleicht wird es morgen auch regnen? Dann kann ich gar nicht nach draußen gehen. Da wir uns momentan in der Regenzeit befinden, bedeutet das, dass es sehr wahrscheinlich regnen wird. Irgendwann. Vielleicht aber auch nicht.

Wir haben auch keine Milch mehr und ich sollte allein deshalb mal wieder einkaufen gehen, wenn es nicht regnet. Aber wer weiß, ob es im Supermarkt morgen Milch gibt? Auf jeden Fall sollten wir morgen endlich Papa anrufen und uns dafür wirklich Zeit nehmen! Aber wer weiß, ob morgen das Internet wieder funktioniert. Und wenn ja, wie lange?

Vieles ist in Äthiopien so unvorhersehbar: Dinge entscheiden sich spontan, Besucher kommen spontan oder das Wetter ändert sich spontan. Wenn man nicht die ganze Zeit dagegen ankämpfen will und immer wieder Pläne ändern möchte, beginnt man irgendwann weniger Pläne zu machen. Die muss man dann immerhin nicht ändern.

Novas Füße auf einer Schildkröte, die uns im Garten besuchte

UND JETZT?

Ich bin grundsätzlich eine Planerin. Pläne geben mir Sicherheit und meinem Alltag Struktur. Mir fällt es leicht, große Ziele in einzelne Handlungsschritte herunterzubrechen, und ich sehe schnell, was zu tun ist. Das Abhaken von To-do-Listen löst in mir Zufriedenheit aus und ich freue mich schon auf den nächsten Tag, wenn ich weiß, was vor mir liegt. Klar, es gibt auch Menschen, die sich durch Pläne eingeschränkt fühlen, denen die Luft zum Atmen fehlt, wenn zu viel verplant ist. Aber so geht es mir nicht. Oder vielleicht doch ein bisschen?

Ich habe, wenn ich ehrlich bin, kein Problem mit Plänen. Allerdings habe ich ein Problem mit Plänen, die nicht aufgehen. Wenn Pläne sich verändern oder nicht umsetzen lassen. Ich habe ein Problem, wenn die Dinge nicht nach meinem Plan laufen und wenn ich die Kontrolle abgeben muss. Nein, eigentlich habe ich kein Problem mit Plänen. Ich habe ein ganz anderes Problem: Vertrauen.

Es ist nämlich nicht so, dass das Planen an sich ein Problem ist und auch das Planlos-in-den-Tag-Hineinleben bringt seine Schwierigkeiten mit sich. Es geht hier nicht darum, die Zeitlosigkeit, die dem afrikanischen Kontinent nachgesagt wird, zu romantisieren. Der Schlüssel liegt nicht im Planen oder Nichtplanen. Der Schlüssel liegt im Vertrauen. Denn: „Ein Mensch kann seinen Weg planen, seine Schritte aber lenkt der Herr" (Sprüche 16,9).

Das ist auch gut so, denn bei all meinen Plänen und Gedanken für meine Zukunft weiß ich doch nicht, was das Beste für mich ist. Aber Gott weiß das und er hat auch das Beste für mich. Deshalb ist es gut, wenn ich plane und mein Bestes gebe, dabei aber mein Vertrauen in Gott setze. Immer mit der Flexibilität und Offenheit, dass meine Pläne sich ändern könnten – ob es mir gefällt oder nicht –, in dem Wissen, dass Gott mich zu jeder Zeit lenkt und an die Hand nimmt. Ich möchte deshalb weiterhin Pläne machen, aber sie nicht nur in meine To-do-Listen schreiben, sondern sie Gott anvertrauen. „Vertraue dein Vorhaben dem Herrn an, dann werden deine Pläne gelingen", steht in Sprüche 16,3 und ich glaube, es liegt einfach ein Segen darauf, die eigenen Pläne in Gottes Hände zu legen. Wenn wir das tun, verändert sich auch unser Verständnis von Erfolg. Und das war vielleicht eine der wertvollsten Lektionen hier für mich.

♦♦♦

Seitdem ich arbeite, lebe ich von Spenden. Mein Mann war, von Beginn unserer Beziehung an, Pastor in einer Freikirche, die sich aus freiwilligen Spenden finanziert, und ich arbeitete in Kirchen und Vereinen. Doch mit unserem Dienst in Äthiopien begann eine ganz neue Ebene der finanziellen Abhängigkeit. Nachdem wir unsere Jobs gekündigt hatten, standen wir nun vor der Aufgabe, unser Projekt und Leben komplett durch eigenes Fundraising zu finanzieren. Und natürlich wollen Spender wissen, wofür sie denn spenden sollen. Und alle – außer unsere Eltern – möchten als Antwort nicht hören: „Damit ich meinen Kindern Marmelade zum Frühstück kaufen kann." Das ist ja auch nicht die eigentliche Antwort, denn die Marmelade brauchen wir zwar tatsächlich, aber nur um hier am Leben zu bleiben und zu tun, wozu wir uns berufen sehen. Also sprachen wir viel über die Pläne, die wir haben, über das, was wir hier in Äthiopien bewegen wollten und welchen Unterschied unser Leben und Dienst hier machen sollte.

Der Schlüssel liegt nicht im Planen oder Nichtplanen. Der Schlüssel liegt im Vertrauen.

Bei unserer Ankunft in Äthiopien wurden wir von unseren äthiopischen Partnern freundlich begrüßt, um dann direkt innerhalb der ersten Woche deutlich und höflich die Erwartung entgegengebracht zu bekommen, dass wir doch als „Reiche" einige Gehälter finanzieren könnten. Sonst könnten wir machen, was wir wollten, aber für mehr brauchte man uns eigentlich auch nicht. Das saß. Wir hatten ja bisher eine ganz andere Selbstwahrnehmung. Wir hatten in Deutschland gerade unsere Jobs gekündigt und lebten jetzt wie gesagt von einem Spenderkreis. Wir dachten, man könnte ökonomisch nicht viel tiefer sinken. Niemals zuvor hatten wir uns als reich empfunden, schließlich kannten wir das Gefühl, die Miete nicht zahlen zu können, und wussten, wie es sich anfühlt, wenn man so wenig Geld auf dem Konto hat, dass es eine Woche lang nur noch Spaghetti mit Tomatensoße gibt. Wir hatten uns immer eher im Mangel gesehen. Doch die Äthiopier belehrten uns eines Besseren. Im globalen Vergleich – und darin haben sie wohl auch die realistischere Perspektive – waren wir also reich.

„In Äthiopien muss man erst einmal Beziehungen aufbauen, wenn man partnerschaftlich arbeiten will", hatte man uns gesagt. Und das wollten wir von Anfang an. Wir wollten mit Äthiopiern zusammenarbeiten, nicht für sie und nicht an ihnen vorbei. Aber es war so hart, zu erfahren, dass ich hier eigentlich nicht gewollt war – nur das Geld, das ich habe. In mir wuchs dieses nagende Gefühl, hier niemand zu sein. All meine Fähigkeiten, meine Persönlichkeit und das, was andere in Deutschland an mir bewunderten, sah hier niemand. Mein Stolz und mein Ego starben hier einige Tode. Aber es war ein gutes Sterben. Denn manchmal müssen Dinge sterben, damit neues Leben entstehen kann, oder? Doch wenn dann jemand aus Deutschland die Frage stellte, wie es eigentlich mit unserem Projekt lief, lief oft gar nichts, nur mir der Schweiß den Rücken runter.

Zunächst einmal sollten wir im ersten Jahr, laut Zielsetzung unseres Arbeitgebers, ankommen und die Sprache, Amharisch, lernen. Das hat keinen Spaß gemacht. Obwohl wir natürlich kontinuierlich dazugelernt haben und immer mehr sprechen und verstehen konnten, war der Weg, der vor uns lag, viel länger als der hinter uns. Es war eintönig, schwer und wirkliche Fleißarbeit, die 250 Buchstaben, die das amharische Alphabet hat, zu lernen. Und dann musste man sie auch noch in der richtigen Reihenfolge zusammensetzen. Nach vorzeigbaren Erfolgen fühlte es sich überhaupt nicht an.

Wir waren erschöpft.
Erschöpft vom scheinbar erfolglosen Leben,
das dennoch so wahnsinnig
anstrengend war.

Auch die Treffen mit den Partnern und die Gemeindebesuche waren anstrengend. Wir navigierten uns irgendwie in diese Kultur hinein, aber selbst wenn wir wussten, was gesagt wurde, wussten wir oft längst nicht, was gemeint war. Unser Gehirn war ständig im Lernmodus und um 21 Uhr, was für die Äthiopier 3 Uhr ist, fielen uns die Augen zu. Wir waren erschöpft. Erschöpft vom scheinbar erfolglosen Leben, das dennoch so wahnsinnig anstrengend war.

Aber auch hier habe ich etwas Wichtiges gelernt, denn ich war im komplett falschen Modus unterwegs. Ich habe es vernachlässigt, mich an dem zu orientieren, der mich hierher gebracht hatte. Aus Angst vor den Reaktionen von anderen Menschen und aus meinem Leistungsdenken heraus, habe ich meine Welt allein durch menschliche Augen gesehen. Und Menschen sehen nur das, was vor Augen ist, und nicht das, was im Verborgenen heranwächst.

Gott führte mich also in eine weitere Wüste: die Wüste der Versager. Eine Wüste ohne Erfolge, ohne Ansehen, ohne Auszeichnungen. „Doch jetzt will ich ihr freundlich zureden. Ich will sie in die Wüste führen und dort zu ihrem Herzen sprechen" (Hosea 2,16). Diese Worte hatte er schon einmal zu einer Frau gesagt, die seine Wege verlassen hatte. Nun flüsterte er sie auch mir zu.

„Man muss Gott mehr gehorchen als den Menschen" (Apostelgeschichte 5,29), durchzuckte es mein Herz. Hatte ich das vergessen? Selbst wenn es hier Möglichkeiten gäbe, mich besser darzustellen und mehr vorzuweisen, dann wäre es ein Fehler, diesem Drängen nachzugeben. Gott mehr zu gehorchen als den Menschen, bedeutete für mich in diesem Moment, jeden Tag treu zur Sprachschule zu gehen. Keine Buchverträge zu unterschreiben, keinen Dienst zu übernehmen.

An einer Stelle wurde mir angeboten, eine großartige NGO zu übernehmen und zu leiten. Alles passte: Das Projekt war großartig, es gab niemanden, der es machen konnte, ich hatte die passende Ausbildung, hätte die Zeit und die Leidenschaft gehabt und ich hätte es geliebt. Doch Gott hatte in der Wüste zu mir geflüstert. Er hatte mein Herz wieder an seines gezogen, er hatte mich zurückerobert, mich wiedergewonnen. Und ich wusste, dass nicht alles, was gut ist, auch dran war. „Ich kann im Moment nicht zusagen", musste ich antworten.

War das eine Niederlage? Nein, das war ein Erfolg. Dieses Nein war ein Erfolg, über den Gott sich freute, und ich freute mich mit ihm, ich war ihm nah und das war mein Glück. Erfolgreich leben bedeutete für mich zu diesem Zeitpunkt, jeden Tag treu zur Sprachschule zu gehen, es bedeutete, immer wieder Partner zu treffen, auch zu scheitern, kulturelle Fehltritte zu machen, daraus zu lernen, bei meinen Kindern zu sein und ihre Gefühle aufzufangen. Zu kochen, zu basteln, Bücher vorzulesen.

♦♦♦

Erfolg bedeutet, das zu tun, was gerade dran ist. Erfolg bedeutet, zu tun, was Gott erwartet, und nicht, was Menschen erwarten. Erfolg bedeutet, so zu leben, dass meine tiefe Verbundenheit und Zuneigung zu meinem Gott meine Taten bestimmt und nicht der Applaus der Zuschauer. Erfolg bedeutet, heute treu zu tun, was Gott an diesem Tag für mich vorbereitet hat. Erfolg bedeutet hier und jetzt zu tun, was dran ist, ohne daran zu denken, ob ich dafür Kritik oder Lob ernten werde.

Erfolg bedeutet, heute treu zu tun, was Gott an diesem Tag für mich vorbereitet hat.

Und mein – und vielleicht auch dein – Problem mit den Plänen löst sich in dieser Perspektive auf. Denn es war von Anfang an nicht mein Plan, nicht meine Zeit, nicht mein Erfolg. Aus der Beziehung mit Gott heraus zu leben, bedeutet, dass er die Verantwortung trägt, er die Pläne macht und ihm deshalb auch die Erfolge zugeschrieben werden. Mein Glück besteht darin, ihm hier und jetzt nahe zu sein. Das ist das erfolgreichste Leben, das ich mir vorstellen kann.

HEUTE GANZ HIER

Ein Zen-Mönch wurde einmal gefragt, wie er trotz seiner vielen Beschäftigungen immer so glücklich sein könnte. Er sagte: „Wenn ich stehe, dann stehe ich, wenn ich gehe, dann gehe ich, wenn ich sitze, dann sitze ich, wenn ich esse, dann esse ich, wenn ich liebe, dann liebe ich …" Da fielen ihm die Fragesteller ins Wort und sagten: „Das tun wir auch, aber was machst du darüber hinaus?" Er sagte wiederum: „Wenn ich stehe, dann stehe ich, wenn ich gehe, dann gehe ich, wenn ich sitze, dann sitze ich, wenn ich esse, dann esse ich, wenn ich liebe, dann liebe ich …" Wieder sagten die Leute: „Aber das tun wir doch auch!" Er aber sagte zu ihnen: „Nein – wenn ihr sitzt, dann steht ihr schon, wenn ihr steht, dann lauft ihr schon, wenn ihr lauft, dann seid ihr schon am Ziel."[21]

Ob wir im Hier und Jetzt leben, entscheidet sich häufig in unseren Gedanken. Ich habe ja bereits erwähnt, dass wir einmal einen Hund in der Nachbarschaft hatten, der an Tollwut gestorben war. Wir hatten keinerlei Kontakt zu diesem Hund gehabt und alle Tiere, die ihm Kontakt gewesen sein konnten, wurden eingeschläfert. Alle Menschen, die in näheren Kontakt mit ihm gekommen waren, wurden noch einmal geimpft. Einige Tage später wurde der Nachbarshund, mit dem meine Kinder täglich spielten, krank.

Ich wusste, dass die Wahrscheinlichkeit, dass meine Kinder sich infiziert hatten, sehr gering war. Sie hätten sich mit der abgeleckten Hand in die Augen reiben müssen oder eine Wunde an der Hand haben müssen, mit der sie den Ball, den der Hund im Mund hatte, warfen. Und dann hätten die Tollwut-Keime stärker sein müssen als ihr Impfschutz. Aber mir war auch bewusst, dass man nach Ausbruch der Krankheit nichts mehr für den Patienten tun konnte und dass er innerhalb weniger Tage sterben würde. Ich wusste, dass wir nun dieses Risiko abwägen müssten, solange wir nicht wussten, ob der Nachbarshund tatsächlich Tollwut hatte.

Am Abend dieses Tages sagte mein Sohn im Bett zu mir: „Mama, mir ist kalt." Und schon war er tot. Zumindest in meinen Gedanken. Der Weg von „Mir ist kalt" zu „Er ist tot" dauerte nur eine Millisekunde und nahm folgenden Weg: „Mir ist kalt" bedeutet: Er hat Fieber. Fieber ist ein Symptom vom ersten Stadium der Tollwut, das bedeutet, dass er in wenigen Tagen tot sein würde. Und die Angst und die Gedanken daran, was dann wäre, wie ich damit klarkäme und welche Vorwürfe ich mir machen würde, lähmten mich. Ich dachte daran, dass sich ja auch unsere Tessa infiziert haben könnte und wie es wäre, wenn ich gleich zwei Kinder verlieren würde. Da erwachte ich aus meinem Wahn und mir wurde bewusst, dass ich mit meinen Gedanken in eine unbekannte Zukunft gewandert war. Denn meine Füße standen hier im Zimmer meines Sohns. Ich machte das Licht an, suchte ihm einen Pulli heraus und streichelte ihm übers Haar.

Dabei erzählte er mir von seinem Tag und seinen Gedanken über das Leben und fragte sich all die großen Fragen des Lebens: Wie Jesus denn überall sein kann, wenn er doch nur einer ist. Und wer denn eigentlich Gott gemacht hatte, wenn Gott stärker als alle ist. Und ich war hier und jetzt in diesem Zimmer, mit diesem wunderbaren Jungen. Und ich wusste nicht, ob er heute oder morgen sterben würde und wie lange wir noch gemeinsam auf dieser Erde Hand in Hand durchs Leben gehen würden. Mit oder ohne Tollwut, in Äthiopien oder in Deutschland – das werde ich nie wissen. Aber in diesem Moment stand ich an seinem Bett, hörte, wie sein Atem leiser wurde und er in Frieden einschlief.

Ob wir im Hier und Jetzt leben, entscheidet sich häufig in unseren Gedanken.

Danach legte ich meine kleine Tochter, die in der Zwischenzeit auf meinem Arm eingeschlafen war, in ihr Bett und sah sie an. Ob sie morgen krank wird? Ich wusste es nicht. Die Chancen waren sehr gering, doch für eine Mutter ist auch die geringste Chance auf eine tödliche Krankheit ein kalter Schauer, der durch Mark und Bein geht. Doch auch hier stand ich, beide Füße fest auf dem Boden. Heute war alles gut. Es war ein schöner Tag. „Du, meine schöne Tochter. Ich bin so dankbar, heute mit dir verbracht zu haben." Gestern war vorbei, morgen noch nicht gekommen. Und hier und jetzt gab es Gründe, dankbar zu sein, die ich nicht verpassen wollte, weil meine Gedanken in eine andere Zeitzone gewandert waren. Einen Tag später hatte mein Sohn tatsächlich Fieber – und eine Nebenhöhlenentzündung. Ich glaube, ich war noch nie so dankbar für eine Nebenhöhlenentzündung.

♦♦♦

Warum planen wir so gern die Tage, die noch vor uns liegen? Wobei hilft uns der Blick in die Zukunft? Ich denke, das Planen gibt uns ein gewisses Gefühl von Kontrolle und eine scheinbare Sicherheit, damit wir wissen, was vor uns liegt. Wir wollen nicht von der Zukunft überrascht werden, wir wollen entscheiden, was kommt.

In jedem guten Mentoring und Coaching legen wir kurzfristige, mittelfristige und langfristige Ziele fest, die messbar und planbar sein sollen. Dabei gerät manchmal in den Hintergrund, wer wir jetzt, hier und heute sind und was wir hier und heute haben. Wir haben so viel Angst vor der Unsicherheit der Zukunft, dass wir das Glück der Gegenwart zu verpassen drohen. Erst wenn uns die Endlichkeit unserer Zukunft vor Augen steht, wenn wir verstehen, dass wir die Zukunft sowieso nicht in der Hand haben, beginnen wir meistens das Hier und Jetzt schätzen zu lernen.

„Lehre uns bedenken, dass wir sterben müssen, auf dass wir klug werden", heißt es in Psalm 90,12 und ich denke dabei nicht an einen warnenden, überlegenen Ton in der Stimme, nach dem Motto: „Ich hab euch alle in der Hand. Bald musst du sterben – nutze deine Zeit, sie ist kürzer, als du denkst!" Nein, ich lese diese Zeilen als befreiend, denn sie zeigen mir, dass in der Erkenntnis, dass mein Leben nicht in meiner Hand liegt, dass mein Morgen nicht gesichert ist, eine Weisheit liegt.

Dieses Wissen lässt uns unsere Tage klug verbringen. Ich glaube, dass der Kluge unserer Zeit sich vielleicht darin von dem Unklugen unterscheidet, dass er (oder sie) seine Tage weniger voll plant und seine Sicherheit nicht aus den Terminen in seinem Kalender zieht. Der Kluge findet Sicherheit in dem Wissen, heute und hier richtig zu sein. Und ich glaube, in diesem Hier-und-jetzt-Sein können wir die Gelegenheiten, die Gott uns schenkt, beim Schopfe packen.

BEIM SCHOPF GEPACKT

In der Bibel werden zwei unterschiedliche Zeitrechnungen voneinander unterschieden: Chronos und Kairos. Chronos ist die chronologische Zeit. Sie tickt gnadenlos in Richtung Zukunft und zerhackt unsere Tage in Stunden, Minuten und Sekunden. Sie ist unaufhaltbar und unwiederbringlich. Kairos dagegen funktioniert außerhalb dieser Zeitrechnung. Ein Kairos-Moment ist ein bestimmter Zeitpunkt, in dem Gott etwas Bestimmtes geplant hat. Es ist ein Ereignis, das die Zeit in vorher und nachher unterteilt. Kairos-Momente haben eine Bedeutung, die weit über das Gewicht der Zeit, die sie in Anspruch nehmen, hinausgeht.

Wenn man davon spricht, einen Moment beim Schopf zu packen, dann geht es genau um solche Ereignisse. Der griechischen Sage nach hatte der Kairos einen langen Schopf, an dem man ihn packen konnte, wenn er vorbeizog. Verpasste man ihn in diesem Moment, war er weg. Und in dieser Zeitrechnung ist Jesus unterwegs, wenn er davon spricht, dass „die Zeit erfüllt ist“ oder „die Zeit gekommen ist“ oder

„es Zeit ist weiterzuziehen". Was wäre, wenn wir auch so denken würden? Wenn wir treu das tun würden, was gerade dran ist, und dann erwarten, dass Gott zu seiner Zeit Momente schenkt, die unser Leben in ein Vorher und ein Nachher einteilen. Momente, die eine wirkliche Veränderung hervorbringen. Denn wenn wir mal ganz ehrlich sind, sind dies die Momente, die unser Leben wirklich prägen. Und sie lassen sich nicht von Menschenhand planen.

Was unseren Dienst angeht, haben wir dieses Prinzip immer und immer wieder erlebt. Nach unserer Ankunft schienen ja erst einmal alle Türen verschlossen. Es war einfach kein Durchkommen und wir konnten nur vertrauen, dass sich das irgendwann ändern würde, während wir treu zur Sprachschule gingen.

Eines Tages kam einer unserer Partner auf uns zu und erklärte, dass er seinen Rücktritt plante und einen Nachfolger bestimmt hatte. Für uns war das wieder eines vieler Rätsel, das uns das Leben hier aufgab.

Mein Mann Babak traf diesen Nachfolger, der von nun an sein engster Vertrauter werden sollte. Die beiden verstanden sich auf Anhieb. Sie tauschten sich über ihre Gedanken und Ziele für die Kirchen in Äthiopien aus. Darüber, dass die Pastoren auf den Dörfern mehr Aufmerksamkeit und Training brauchten, dass Gott dort etwas vorhatte, dass ihr Glaube das Potenzial hat, das Land zu verändern, wenn sie auf die richtige Weise ermutigt, begleitet und gestärkt würden. Beide waren sofort einer Meinung. Sie sahen sich an und sagten: „Meine Pläne sind deine Pläne."

Diese Beziehung musste nicht mit endlosen Treffen, Essen und Einladungen aufgebaut werden – diese Beziehung hatte Gott geschenkt. In einem Moment, als er dachte, es wäre Zeit. Von diesem Moment an hatten wir Geschichten zu erzählen, konnten Rundbriefe mit Plänen und Strategien füllen. Es waren nicht unsere Erfolge, nicht unsere harte Arbeit und auch nicht unsere besonderen Fähigkeiten gewesen. Es war Gott gewesen und wir durften erleben und berichten, wie er durch uns arbeitete. Wie sein Leben durch unser Leben in die Dörfer Äthiopiens zu fließen begann. In diesem Moment war die Tür aufgegangen – und wir durften hindurchgehen.

♦♦♦

„Also keinen Plan für morgen", denke ich mir abends auf dem Sofa, als Babak auf Reisen ist und ich allein mit den Kindern bin. Ich werde aufstehen, mir einen Kaffee kochen und sehen, was der Tag bringt. (Darf man so etwas auf Deutsch eigentlich noch schreiben, ohne für faul gehalten zu werden?) Vielleicht werde ich nach dem Frühstück noch eine Weile sitzen bleiben und aus dem Fenster schauen. Die Vögel singen hören. Vielleicht wird dann mein Sohn kommen und mich fragen, was ich da mache, und ich werde sagen, dass ich die Vögel singen höre und sie anschaue, weil das gerade so schön ist. Vielleicht werden wir etwas basteln und möglicherweise werden wir morgen Abend Milch haben. Und wenn nicht, werde ich übermorgen meinen Kaffee schwarz trinken. Denn vielleicht wäre das nur halb so schlimm, wie den Gesang der Vögel zu verpassen, während ich versuche, mich an einen Plan zu halten.

Ich kündige meiner inneren Managerin – oder schicke sie zumindest ins Sabbatical.

”

Dieses Land hat mir die Kontrolle genommen. Es hat mir Listen-schreiben-dem-Workaholic meine Agenda in der Luft zerrissen. Dieses Land hat mich auf meinen Hosenboden und auf Entzug gesetzt. Entzug von dem Abhaken des nächsten Kästchens auf der Liste. Dieses Land lässt mich all seine Unberechenbarkeit aussitzen. Und im Sitzen merke ich, dass ich eigentlich schon lange nicht mehr gesessen habe, dass man hier im Sitzen eigentlich jede Menge Dinge sieht, die man im Vorbeilaufen verpassen würde. Ich sitze hier fest, sitze das hier aus und setzte mich zur Ruhe.

SECHS

Ich kündige meiner inneren Managerin – oder schicke sie zumindest ins Sabbatical. Und ich merke, dass es unglaublich anstrengend ist, durch die Wüste zu rennen und zu versuchen, ihr zu entkommen, wenn sie dich von allen Seiten umgibt. Aber eigentlich ist es nicht schwierig, sich in der Wüste an einen Schattenplatz zu setzen und den Vögeln zuzuschauen. Es ist vielleicht das Schönste, was ich seit Langem getan habe.

Geech in den Simien Mountains

WO FINDEN WIR, WAS ALLE SUCHEN?

Solange unsere Füße diesen Erdboden berühren, sind wir alle auf der Reise. Solange wir hier einen Schritt vor den anderen setzen, sind wir nicht in unserer Heimat angekommen. Und seitdem Menschen auf dieser Erde leben, suchen sie nach einem Frieden, den diese Welt nicht geben kann. Wenn alle nach etwas suchen und niemand es dort findet, wo alle suchen, müssen wir uns vielleicht an neue Orte begeben. Vielleicht sogar ohne unsere Füße an einen neuen Ort zu bewegen. Vielleicht müssen wir mehr stehen bleiben und aufhören wegzulaufen? Wo können wir die Zufriedenheit finden, die alle suchen? Vielleicht auf einer Küchenbank?

♦♦♦

Ich sitze in einem Garten in der Nähe von unserem zuhause, trinke äthiopischen Kaffee und esse dazu ein Stück Kuchen. Im Hintergrund höre ich das unendliche, unerbittliche Gehämmer der Arbeiter im Steinschlag. Es fühlt sich heimisch an. Ich denke dabei nicht mehr an den bösen Pharao und seine Sklaven in Ägypten. Das Geräusch löst bei mir auch keine Zweifel und Selbstanklagen aus. Das Geräusch dieser harten Arbeit hämmert wie die Ungerechtigkeit dieser Welt in meinen Ohren. Gleichmäßig und unaufdringlich. Ich habe mich an diese Ungerechtigkeit gewöhnt. Ich mag sie nicht, aber ich kann mit ihr leben. Sie fordert mich nicht mehr dazu auf, jetzt gleich die ganze Welt zu verändern. Aber sie erinnert mich an die

Sukkulenten aus unserem Vorgarten

Leidenschaft und die feste, gleichmäßige Überzeugung, die Welt nicht zu lassen, wie sie ist. Ich bin in dieser Ungerechtigkeit zuhause. Ich kann hier gut leben, weil ich weiß, dass meine Heimat an einem Ort ist, an dem es dieses Geräusch und all die Klagen, Schreie und all die Tränen nicht mehr geben wird.

Über mich beugt sich ein Bananenbaum, der mir Schatten spendet, und dahinter höre ich den Bach, der ihm in dieser trockenen und heißen Jahreszeit Wasser gibt.

Der Bach stinkt. In ihm schwimmen Tüten, Chemie und Essensreste zusammen mit menschlichen und tierischen Ausscheidungen. Der Bach hört sich besser an, als er ist. Und auch daran habe ich mich gewöhnt. Er erinnert mich an mein Leben, das oft so abenteuerlich aussieht und für das ich vielleicht sogar oft beneidet werde, wenn ich hier unter Bananenbäumen am Bach in der Sonne sitze.

Aber wichtig ist nicht, wie es aussieht oder was die Menschen und Follower darüber denken. Nein, wichtig ist, wie die Wahrheit aussieht und was der, der sie kennt, darüber denkt. Wichtig ist, woraus ich gemacht bin. Stinke ich? Habe ich zu lange Dingen in mir Raum gegeben, die mir nicht guttun? Gibt es Dinge, die es auszuräumen, abzugeben und loszulassen gilt? Ganz bestimmt. Es gibt noch viel mehr Dinge loszulassen, es liegt noch viel Leben vor mir – ein großer Teil zumindest. Und immer mehr denke ich, dass es weniger darum geht, vieles zu erreichen, mehr zu haben und einiges vorweisen zu können. Es geht mehr darum, möglichst viel loszulassen und noch unabhängiger von Erfolgen und Umständen zu werden. Ich möchte abnehmen – eine innere Diät sozusagen – und Jesus darf zunehmen. Vielleicht stinkt der Bach schon jetzt ein bisschen weniger.

♦♦♦

Diese Reise, auf der ich mich befinde, hat mir schon einiges genommen. Vieles davon hätte ich unter anderen Umständen vielleicht gar nicht abgeben können; von anderem wusste ich gar nicht, dass ich es mit mir herumtrage. Diese Reise hat mich an Orte geführt, die schon immer da waren, und die ich dennoch bisher nicht sehen konnte. Sie war oft unangenehm: die Wüsten, in die ich geführt wurde, die Grenzen, an die ich kam, und Ängste, mit denen ich konfrontiert war, haben mir einige Tränen entlockt. Vielleicht war es das Härteste, was ich bisher erlebt habe. Gar nicht, weil es so wahnsinnig abenteuerlich war oder die sichtbaren Herausforderungen so beeindruckend schwierig waren. Nein, ich weiß sehr wohl, dass es Menschen gibt – und gab –, die ganz andere Dinge bewältigt haben. Ich gehöre auch nicht zu den Heldinnen und Helden dieses Jahrhunderts, die sich auf ihre Erfolge berufen können und laut von großen Bühnen rufen: „Es war schwer, aber wir haben es geschafft! Das war es wert!" Nein, ich flüstere es eher. Vielleicht unter Tränen. In einer neuen Ruhe und Dankbarkeit: „Das war es wert. Obwohl es teilweise schwer war."

*Es ist nicht falsch,
nur weil es schwer ist.*

Und vielleicht ist das genau die Botschaft, die gerade wir heute immer wieder hören müssen. Es ist eine Botschaft, die meine Kinder lernen sollen, eine Botschaft die unsere Generation und die nach uns verinnerlichen müssen, damit wir zu den Menschen werden, die Gott geplant hat. Wir müssen diese Botschaft hören, um Frieden in unserem Land, in unseren Familien, in unseren Ehen zu halten. Wir brauchen diese Botschaft, um Dinge zu erreichen, die weit über unsere Kapazitäten hinausgehen. Wir müssen diese Botschaft hören, um in Zeiten der Krise und Krankheit nicht zu verzweifeln. Wir müssen diese Botschaft hören, um immer noch und egal in welchem Umfeld für das aufzustehen und das auszusprechen, was uns wichtig ist. Wir müssen es verinnerlichen, vielleicht unter Tränen: Es ist nicht falsch, nur weil es schwer ist.

Und nur weil wir weinen, müssen wir nicht traurig sein. Denn hinter dieser Verletzlichkeit, hinter dieser Offenheit, den schweren Momenten in die Augen zu sehen, kann eine tiefe und echte Freude liegen. Weil wir die Trauer kennen, haben wir keine Angst mehr vor der Angst und können uns aus vollem Herzen freuen!

Die Zufriedenheit und Freiheit, nach der wir uns sehnen, kann ganz woanders zu finden sein, als dort, wo wir sie suchen. Selten ist sie auf dem

Weg der Bequemlichkeit und der Sorglosigkeit zu finden. Sie kann auch nicht mit Konsum und Geld gekauft werden. Und auch Sicherheit und Komfort werden uns nicht in diese tiefe, ruhige Gewissheit führen, dass wir getragen sind. Ich glaube, diese Zufriedenheit liegt nicht auf den Bühnen, denen laut Applaus entgegengeklatscht wird. Auch nicht in den Likes und Engagements auf Social Media. Sie liegt auch nicht in den Theorien, Konzepten und Ideen über das Leben, die wir entwickeln.

Sie liegt in der Erkenntnis, dass wir unseren eigenen Idealen vielleicht gar nicht gerecht werden und unsere selbst gesteckten Ziele gar nicht aus eigener Kraft erreichen können. Wir können mit dieser herausfordernden und demütigenden Tatsache Frieden schließen und das tun, was jetzt gerade wichtig und dran ist. Nicht mehr und nicht weniger – und das ist okay. Wir sind geliebt. Immer.

Und wenn unsere rastlosen Herzen sich nach einem vollen Tag nach Ablenkung und Serien und Podcasts sehnen, wenn wir zum tausendsten Mal am Tag nach unserem Handy greifen, ist es vielleicht an der Zeit, uns zu fragen, ob wir dort wirklich Zufriedenheit erwarten können. Es spricht ja nichts gegen Podcasts und Serien und auch nichts gegen Instagram. Aber wenn unsere Seelen beginnen zu glauben, dass dies der Weg zum Glück ist, ist es vielleicht an der Zeit, sich rücklings auf die Küchenbank zu legen und die Rastlosigkeit zu Tode zu langweilen. So lange, bis alle Gedanken vorbeigezogen sind, bis wir die Stille kaum noch aushalten, um dann von dem gehalten zu werden, der in unsere Stille flüstert: „Hallo, hier bin ich. Endlich habe ich dich gefunden! Endlich bist du hier." Und hier finden wir dann die Erkenntnis, dass es vielleicht gar nicht darum geht, zu finden, was alle suchen. Sondern all das loszulassen, was uns von dem ablenkt, der jeden von uns sucht. Und uns von ihm finden zu lassen.

*Die **Zufriedenheit** und **Freiheit**, nach der wir uns sehnen, kann ganz woanders zu finden sein als dort, wo wir sie suchen.*

Sieben

Nicht zu Ende – Noch mal vertrauen

Eigentlich war das Buch hier schon zu Ende. Es war ein gutes Ende und doch fehlte etwas. Ich konnte nicht sagen, was es war, konnte es nicht besser schreiben und so ließ ich es dabei. „Gut genug" war es ja, und so nannte ich es „Finales Dokument", sendete es an den Verlag und ahnte nicht, dass hier noch nichts fertig war, so wie auch unsere Reise noch nicht am Ende ist. Wir sind nie zu weit weg, dass Gott nicht bei uns wäre, aber auch nie so nah dran, dass wir wirklich angekommen sind. Nicht solange wir auf dieser Erde leben. Und so ging meine Reise in eine ganz andere Richtung weiter, als ich es gedacht hätte. Wieder einmal hieß es, alles loslassen, die Kontrolle abgeben, meine Pläne in seine Hände legen und weitergehen. Nicht zurück, obwohl es fast danach aussah.

SIEBEN

WO IST EIGENTLICH ZURÜCK?

Was, wenn wir nicht mehr zurückgehen?" Diese Frage traf mich so tief, dass ich am ersten Abend in Deutschland bitterlich weinte, wie schon lange nicht mehr. Ich konnte mich nicht erinnern, überhaupt schon einmal so bitterlich geweint zu haben.

Mein Mann sagte, dass wir beten sollten. Das würde mir helfen, denn Gott hätte ja schließlich alles in der Hand. Aber ich konnte nur weinen. Sobald ich an Gott dachte und daran, dass er diese Situation zu verantworten hatte, liefen die Tränen. Mitten am Tag beim Kochen, vorm Spiegel am Morgen, wenn ich mir einen Moment Ruhe nahm oder als ich einer Freundin eine Sprachnachricht sendete und nur sagte, dass mich etwas sehr beschäftige. Meine Mentorin riet mir, ich solle so weitermachen. Mein Weinen sei ja auch ein Gebet. Ein sehr ehrliches sogar.

Wie es so weit gekommen war? Und warum überhaupt zurück? Wollten wir nicht mehr zurück nach Deutschland? Nein, es ging darum, vielleicht nicht mehr zurück nach Äthiopien zu gehen. Vielleicht nie mehr zurück nach Hause – denn so weit war ich auf dieser Reise bereits gekommen, dass ich Äthiopien jetzt ganz selbstverständlich mein zuhause nannte. Und das war hart erkämpft.

♦♦♦

Ich stand in der Küche in unserem Haus in Äthiopien – wahrscheinlich wieder einmal die Hände im stundenlangen Abwasch. Den Blick in den Garten, in dem die Kinder mit ihren Freunden spielten. In ihrem Garten.

Und schon wieder laufen die Tränen, nur bei dem Gedanken an dieses Gefühl. Es war ein Vorher-nachher-Moment, ein Kairos-Moment. In meiner Erinnerung teilt sich mein Leben in das Leben vor diesem Moment und nach diesem Moment. Und geteilt wurde die Zeit durch die Frage: „Hast du schon mal darüber nachgedacht, zurück nach Deutschland zu gehen?" Sie traf mich aus dem Nichts. Und injizierte einen tiefen, stechenden Schmerz in meine Seele. Innerlich erstarrte ich.

„Nein, noch nie", antwortete ich kalt und wusch weiter ab. „Ich wollte ja nur mal fragen", hörte ich meinen Mann sagen, als er die Küche verließ. Und ich wusste, dass hier niemand nur mal fragte. Ahnte ganz tief innen, dass diese Krise, dieses Corona-Virus, das gerade auf der Welt um sich griff, mit all seinen wirtschaftlichen, politischen und sozialen Folgen auch unsere Welt nicht mehr unberührt lassen würde. Der Schmerz war so stark, dass ich ihn betäuben wollte, und so fror ich ihn ein. Nein, das durfte nicht wahr sein. Den Gedanken hielt ich nicht aus.

Mein Mann hatte sich dem Schmerz schon lange vor mir gestellt und ihn Gott hingelegt. Drei Tage später saß er erneut vor mir und fragte: „Willst du immer noch bleiben?"

„Ja", sagte ich. „Um alles in der Welt will ich hierbleiben."

„Ich denke, wir sollten gehen", entgegnete er. Unser Rückflug sei noch zehn Minuten reserviert. Er habe schon zwei Tage versucht, einen zu bekommen, dies sei vorerst der einzige. Lufthansa habe alle Flüge gestrichen und er habe das tiefe Empfinden, dass wir fliegen sollten.

An diesen Moment erinnere ich mich wie im Nebel. Denn ich war nicht nah bei mir. Weil ich es nicht wahrhaben wollte, hatte ich meine Gefühle abgespalten. Sie sahen zu, aber waren mit den Händen in der Spüle vor einigen Tagen eingefroren. „Kannst du mir vertrauen?"

„Ja", antwortete ich. Nicht, weil ich nach Deutschland wollte, aber weil ich wusste, dass dieses Vertrauen und dieser Mann an meiner Seite wichtiger waren als das, was dabei herauskam. Ich wusste, dass er tat, was er richtig fand. Ich hingegen war gefangen in dem, was ich so gerne wollte. Und so schob ich den Schmerz noch weiter nach hinten. Innerlich schüttelte ich den Kopf. Immer wieder, während ich ungläubig die Koffer packte. Wir hatten drei Tage Zeit, das Haus unterzuvermieten, alle Verabredungen auf ungewisse Zeit zu verschieben und uns von unseren Freunden zu verabschieden. Liam fuhr noch einmal mit seinem Freund zum Laden und bekam von ihm Kaugummi geschenkt. Das hatten sie gerade zusammen entdeckt und Liam war stolz bis über beide Ohren, dass er nun allein mit seinem Freund etwas kaufen fahren konnte. Er war angekommen. Hier zuhause. Endlich! Und das hätte ewig so weitergehen können. Ich war so dankbar für alles, wie es war. Aber wir mussten uns verabschieden. „See you soon" und „We'll be back in no time" hieß es in alle Richtungen. Schnell packte ich ein paar Hosen und T-Shirts ein. Mehr als vier pro Person würden wir ja für die nächsten zwei Wochen in Deutschland nicht brauchen, dachte ich. Ich hatte mich einverstanden erklärt zu fliegen, aber nicht dortzubleiben. So schnell wie möglich würden wir zurückkommen, versicherte ich meinen Freunden – und mir selbst.

In Deutschland angekommen, wurde in Äthiopien der Ausnahmezustand ausgerufen. Ständig lief die Waschmaschine, die vier Hosen pro Person wollten alle vier Tage gewaschen werden – mittlerweile schon über zwei Monate lang. Und noch weitere Monate würde eine Rückreise nach Äthiopien wohl unwahrscheinlich sein. Wir füllten die Zeit mit einem Spendenprojekt für Äthiopien, sodass unser Herz noch dort sein konnte, während unsere Füße gerade über deutsche Straßen liefen und unsere Lungen saubere Frühlingsluft atmeten.

*Und nun stand wieder alles kopf.
Wieder war unsere Zukunft unsicher,
wieder konnte ich keine
Logik erkennen.*

”

Wegen der Kontaktsperre konnten wir unsere Freunde und Familie in der ersten Zeit nicht sehen. Also waren wir viel allein in der Natur unterwegs. Wir fanden uns in der weltweiten Unsicherheit wieder, mit zweigeteilten Herzen. Eines Abends öffnete mein Mann mir sein Herz und erklärte, er vermute – diesmal nicht „nur mal“, sondern weil er Gott so verstanden hatte – dass wir nicht wieder zurückkehren würden.

Diese Nachricht wäre vor einem Jahr die Erhörung meiner Gebete gewesen. Doch jetzt traf sie genau den Ort, an dem ich meine Gefühle eingefroren hatte. Sie legte diese verborgene Stelle in meiner Seele frei und alle Dämme brachen. Ich wusste nicht mehr, dass ich so weinen konnte. Wusste nicht, dass Worte so wehtun können.

Ich hatte nicht geahnt, was da in den letzten Monaten mit mir passiert war, wie tief meine Wurzeln gewachsen waren und wie sehr ich dieses Land mittlerweile liebte. Wenn ich nun daran denke, denke ich an Gerüche, die mich zuhause fühlen lassen. An Menschen, die mich zum Lachen bringen, an Freunde, die ich aus tiefstem Herzen liebe, an eine Berufung, die wirklich Sinn ergab, an Erfolge, die Form annahmen. Es war ein wohliges, stolzes, dankbares und ruhiges Gefühl, wenn ich an Äthiopien dachte. Eine Sehnsucht, die mich dorthin zurückzog. Und nun stand wieder alles kopf. Wieder war unsere Zukunft unsicher, wieder konnte ich keine Logik erkennen. Wieder von vorn? Wieder zurück? Und wo war eigentlich zurück?

Noch mal in deine Hände

geschrieben in Deutschland, als wir nicht wussten, wie es weitergeht

In deine Hände lege ich
nicht nur diese Zeit, ich lege mich.
Das sagte ich schon hundert Mal.
Ich sang es mit Hunderten immer wieder mal.
Und ich meinte es auch so.

Doch jetzt sitz ich hier wie Abraham,
soll opfern, was ich mir gar nicht nahm.
Erst sendest du mich und dann lässt du mich sitzen.
Hab alles gegeben, alles gelassen, und jetzt wurde
ich sitzen gelassen.

Ich kann es nicht fassen, kann es nicht glauben
und mit meinem Glauben nicht erklären,
was willst du uns lehren?
Wo ist die Geschichte, das glückliche Ende?
Wir, die bewunderten, helfenden Hände?

Nein, zu bewundern, das sind wir nicht,
treu im besten Fall – hoffentlich.
Wir sind nicht die, die gehen und Erfolge erzielen,
sind nicht die Helden mit Strategien und Zielen.
Der uns sendet, der kennt den Erfolg.
Und der Erfolg liegt im Folgen, nur das will er doch.
Nicht in den Gewinnen, den Zahlen und Fakten,
der Erfolg liegt darin, nur auf den einen zu achten.

Da toben die Wellen, die Angst macht sich breit.
„Was denken die Leute", möchte ich innerlich schrein.
Da sieht er mich an, mitten auf dem Wasser,
sieht mir in die Augen und sagt gelassen:
„Sieh nur auf mich, die Welt kannst du lassen,
ich habe dich erwählt, wollten alle dich hassen.
Du kannst es dir nicht leisten, auf die anderen zu hören.
Sieh nur mir in die Augen. Lass niemand uns stören."

Ich zögere, stehe auf und geh Kaffee trinken.

Kann ich ihm vertrauen? Oder werde ich sinken?
Ich treibe dahin, treibe durch diese Tage,
sehn mich nach Sicherheit, habe Tausende Fragen.
Ich weiß, er wartet dort noch auf mich,
weiß, seine Hand zeigt direkt auf mich.
Ich weiß, er hält sie mir hin, für solang wie ich brauche,
weiß, er gibt mich nicht auf, wohin ich auch laufe
und ich laufe weg, laufe innerlich in alle Richtungen,
laufe weit, weiter weg: Ich will das nicht!

Doch flieh ich vor ihm, so flieh ich vor mir.
Weit weg, doch ich muss doch zurück zu dir.
Muss da, wo ich alles verliere, dich finden,
darf da, wo du bist, auch mich selbst neu ergründen.
Ich komme zurück, will nicht weiter weg.
Stell mich wieder ins Boot, ganz oben an Deck.
Ich greife die Hand, die dort auf mich wartet.

Deine Hand ergreife ich,
greif nicht nur nach Halt, ich greife dich.

Das wollte ich schon hundertmal.
Ich meinte, ich tat es immer wieder mal.
Und ich werde es auch wieder tun,
werde dich nicht verlieren, nicht für Reichtum und Ruhm.
Ich werde mich in deine Hände legen:
In deine Hände lege ich
nicht nur meine Zukunft, ich lege mich.

Deine Hand ergreife ich,
greif nicht nur nach Halt,
ich greife dich.

FREIER FALL

Ich hatte mich gerade in Hamburg eingerichtet, nicht nur in unserem zuhause und unserem sozialen Umfeld, nein auch innerlich. Ich hatte wieder begonnen, meine Sicherheiten und mein Glück in dem wie mein Leben ist und was ich habe und nicht einzig und allein in dem, der mich hält, zu finden. Es war ein innerliches Einrichten, ein Ankommen und mir ein Nest bauen. Das neue Bild von mir bestand aus der, die ich darstellte, wie mich mein Umfeld wahrnahm und was mich umgab. Doch zack, jetzt war der Boden wieder weg. Diese eine Frage hatte die Klappe unter meinen Füßen geöffnet und ich fiel. Zunächst zappelte ich mit den Armen, wollte mich irgendwo festhalten, doch fand nichts. Dann erhob ich meine Fäuste wütend zum Himmel, doch auch das half nichts. Ich fiel.

Und eines Abends ging ich spazieren. Vorher wollte ich noch kurz einkaufen. Nur ein paar Sachen. Aus ein paar Sachen wurden ein paar mehr und plötzlich stand ich mit Klopapier unterm Arm vorm Supermarkt. Wie sollte ich so noch spazieren gehen? Aber ich wollte es so gern, dass ich entschloss, wenigstens noch einen Umweg zu nehmen – in der Hoffnung, irgendwo im Grünen eine ungestörte Bank zu finden, auf der ich meinen Gedanken noch ein paar Minuten nachhängen konnte. Aber keine Bank weit und breit, also schlenderte ich weiter.

Die Chips purzelten aus meiner Tasche, ich hob sie auf und hatte über der Schulter nun eine schwere Tasche, Toilettenpapier unter dem einen Arm und Chips in der anderen Hand. Irgendwann gab ich das mit der Bank auf, es wurde auch langsam dunkel und am Himmel hingen dunkelgraue Wolken. Da entdeckte ich an einer Wiese mit Schafen einen viel zu kleinen Baumstumpf, auf den ich mich setzte. Ich stellte meine Einkäufe neben mir ab und genehmigte mir eine der Milchschnitten, die ich für die Kinder gekauft hatte – ein deutsches Luxusgut, mit dem man in Sekundenschnelle zur besten Mama der Welt werden kann.

Als ich auf die Wiese blickte, fühlte ich mich so leer und so in die Irre geführt. Da brach plötzlich die Wolkendecke auf und genau auf der anderen Seite des Feldes tauchte die Abendsonne meine Welt in strahlendes Gold. Die Vögel begannen zu singen, die Schafe blökten verwirrt – damit hatte niemand gerechnet. Den ganzen Tag hatte die Sonne nicht geschienen. Doch jetzt wusste ich, wer nur darauf gewartet hatte, bis ich mich setzte, damit er die Wolken zur Seite schieben konnte, um mir zu zeigen, dass er mich nicht vergessen hatte. Ich wusste, dass er mich ansah und lächelte. Er sah mich unter derselben Sonne, die ins Flugzeugfenster geschienen hatte, als wir nach Äthiopien flogen. Und er lächelte wieder. Denn hier saß seine geliebte Tochter, die nicht nur unter der Last der Einkaufstasche zusammensackte, sondern die die ganze Last dieser göttlichen Unlogik schultern wollte. Und er war bereit, mich hier davon zu erlösen.

Seine Präsenz schien mir mitten ins Gesicht. „Hallo“, sagte ich. Und wie ein Chor hörte ich eine wunderbare Harmonie verschiedener Wahrheiten, als würden sie mir zusingen. Alle gleichzeitig und doch hörte ich jede einzelne: „Du dachtest, du hast dich verirrt und keinen guten Platz gefunden. Aber ich habe hier, wo du eigentlich gar nicht sein wolltest, schon auf dich gewartet." „Ich sehe dich, ich habe dich nicht vergessen." „Ich bin nicht da, um dich zu bestrafen, ich bin hier, um dich zu lieben." „Dort, wo du hingehst, da bin ich auch. Und dort ist es hell." „Ich bin nicht an den menschlichen Erfolgen interessiert. Ich will nur dein Herz."

Da liefen die Tränen. Und es brauchte nicht viele Worte: „Ich bin bereit. Ich kann es dir jetzt geben", sagte ich und öffnete meine Faust, die vorher so sehr festhalten wollte, was ihr nie gehört hatte. „Äthiopien, Deutschland, China – ist mir egal. Da, wo du bist, da will ich sein!" Und die Tränen liefen und ein Lächeln nahm seinen Platz auf meinem Gesicht ein. Freier Fall! Ich war frei! Da war ich wieder an einem Ort, an dem man mir nichts mehr nehmen konnte, weil ich alles losgelassen hatte.

Äthiopien, Deutschland, China – ist mir egal.
Da, wo du bist, da will ich sein!

An diesem Ort machte dieses ganze Buch wieder Sinn. Ich nahm meinen Einkauf, der mir jetzt so viel leichter erschien, und machte mich auf den Heimweg. Alles, was ich im letzten Jahr gelernt hatte, wiederholte sich in diesem Moment. Ich hatte gelernt, der Angst in die Augen zu sehen, hatte mich darin geübt, meine Hände zu öffnen und meine eigenen Pläne loszulassen, hatte gelernt, den Schmerz anzunehmen und unter Tränen frei zu lächeln. Ich hatte gelernt, in der Stille und Ungewissheit zu sitzen und darin Frieden zu finden, und ich hatte gelernt, im Hier und Jetzt zu leben. Hier und jetzt war es gut – auch wenn ich das Morgen nicht kannte.

Als die Frage, was wohl die Leute denken werden, laut wurde, durfte ich mich daran erinnern, dass ich eben anders bin. Von einem anderen Planeten fast, denn meine Heimat ist im Himmel. Und Menschen, deren Herzen dort verwurzelt sind, tun manchmal unverständliche Dinge. Dinge, die mehr nach Treue als nach Erfolg aussehen. Und ich möchte lieber, dass einer über mich lächelt, als dass Tausende Beifall klatschen. War jetzt alles umsonst, wenn wir tatsächlich hier in Deutschland bleiben werden? Nein, keine Sekunde war umsonst. Denn diese Geschichte wäre niemals geschrieben worden, wenn wir nicht jeden einzelnen Schritt gegangen wären. Und ich hätte nicht gelernt, dass „zurück zu mir" nicht ein Ort auf der Landkarte, sondern ein Weg in mir ist.

Vielleicht heißt der nächste Satz unserer Geschichte: „Einige Monate später stiegen wir ins Flugzeug. Addis Abeba, Ethiopia stand auf unseren Tickets. Ich winkte meiner Familie und meinen Freunden, drehte mich um, meiner Zukunft entgegen. Wir fliegen nach Hause!"

SIEBEN

Aber vielleicht wird er auch lauten: „Die Türen zurück nach Äthiopien blieben geschlossen. Doch zurück konnten wir sowieso nicht mehr, denn für uns geht es immer nur weiter auf dem Weg, den Gott für uns vorbereitet hat. Nun sollte er eine Weile durch Deutschland führen – doch wir waren so frei, wir hätten überall sein können."

Ich war weit weg gewesen und durfte zu mir zurückfinden. Egal, wo meine Füße den Erdboden berühren.

Diese **Geschichte** *wäre*
niemals geschrieben worden,
wenn wir nicht jeden einzelnen
Schritt *gegangen*
wären.

Und ich hätte nicht gelernt, dass
„zurück zu mir" *nicht ein*
Ort auf der **Landkarte***,*
sondern ein Weg in meinem
Inneren *ist.*

DANK

Ich möchte dieses Buch nicht beenden, ohne mich zu bedanken. Zunächst einmal bei dir. Danke, dass du meine Geschichte mit mir geteilt hast. Danke für dein Interesse und die Zeit, die du mit meinen Worten verbracht hast.

Danke an all die Hunderte Menschen, die uns, unsere Berufung und die Menschen in Äthiopien mit ihren Gebeten und Finanzen unterstützen. Wir wissen, dass wir nicht allein sind. Das ist ein unbezahlbarer Schatz!

Danke, liebe Annalena und dem ganzen SCM Verlag, dass ihr mir die Möglichkeit gebt, zu schreiben! Danke Adrian, für das Design!

Danke an Annemie, die uns seit Jahren – bald Jahrzehnten – mit ihrer ehrlichen Weisheit begleitet. Du bist eine Hand, nach der wir gerne greifen, wenn das Leben unsicher wird.

Danke, Samuel, für deine Freundschaft, deine Gebete, die uns begleitet haben, und die Worte, die du diesem Buch geschenkt hast. Du bist ein kostbarer Mensch und ich bin dankbar, dich zu kennen.

Danke an meine Eltern, die so großzügig und ohne Gegenleistung ihr Haus mit uns geteilt haben.

Danke an meine Schwiegerfamilie, die mir beigebracht hat, dass ich geliebt bin, auch wenn ich anders bin.

Danke an meinen Schwager Matze, der – ohne dass jemand es sehen kann und muss – immer wieder hilft, wenn es um Website, Excel und Finanzen geht.

Danke an Dirk, der uns durch den Dschungel der Ausreise-Bürokratie begleitete.

Danke an Ulf, dass du uns damals über Burgern dieses Projekt anvertraut hast – und danke für Korianderhühnchen in Äthiopien!

Danke an Darin, Joy, Kyle, Colin, Allysen – die das gar nicht lesen können, weil sie kein Deutsch sprechen. Und doch haben sie mich im Studium auf einen Weg geschickt, auf dem Charakter mehr zählt als Zertifikate und Treue mehr wert ist als Erfolg.

Thank you Darin, Joy, Kyle, Colin, Allysen for setting me up for a journey where character is worth more than certificates and where faithfulness has more value than success.

Thank you Sophia, Elias, Johanna, Eric, Frida and Andreas for being the best neighbors. For sharing home with us!

Thank you Frida for your friendship. You have made a real difference in my life.

Thank you Selam, for welcoming me as I am and for becoming my friend – I don't take that for granted.

Danke, du lieber unbekannter Pastor, dass du deinen Eindruck im April 2017 an Babak weitergegeben hast! Die Tür war wirklich offen. Und dank dir haben wir sie gesehen.

Danke Gott. Du warst jeden Schritt bei uns und wirst es immer sein. Ich bin dir aus tiefstem Herzen dankbar.

Wenn du neugierig bist, wie es mit uns weiterging, folge mir doch auf Instagram unter

@honigdusche/Sarah Keshtkaran

oder schau dich auf meinem Blog

www.honigdusche.de

um.

NACHWORT

Für Leser im interkulturellen Dienst

Sarah hat uns auf ihrer Reise eingeladen, die Themen Aufbruch, Transition, Kulturschock, Fremdheit, Identitätsverlust und vieles mehr mit ihr zu entdecken. Es bleibt dabei nicht bei der schmerzhaften Veränderung, sondern sie führt uns weiter auf dem Weg in die neue Heimat: das Ankommen, die interkulturelle Bereicherung und das persönliche Wachstum.

Als ich 1982, ähnlich wie Sarah, mit meinem Mann und zwei kleinen Kindern in den Flieger nach Somalia stieg, ahnte ich nicht, was mich erwarten würde. Wir fühlten uns von Gott berufen, aber waren ohne die heute üblichen Vorbereitungen losgezogen. Es war ein Abenteuer, das uns das Wort „Vertrauen" buchstabieren lehrte. Vertrauen, dass Gott unsere wachsende Familie, das Team und den Dienst mit somalischen Waisenkindern und äthiopischen Flüchtlingen schützen würde.

In dieser Zeit gab es noch kein Internet, kein Smartphone, nicht mal ein Haustelefon. Um nach Hause zu telefonieren, mussten wir zwei Stunden mit dem Jeep zu einer amerikanischen Basis am Golf von Aden fahren. Post gab es höchstens einmal pro Woche. Es war sehr herausfordernd, in jeder Hinsicht: Krankheiten, politische Unruhen, Auseinandersetzung mit religiös-kulturellen Praktiken wie der Frauenbeschneidung als auch geistlich belastende Erfahrungen, um nur ein paar zu nennen. In den nachfolgenden Jahren erlebten wir in Pakistan und Afghanistan weitere intensive Herausforderungen im Zuge unserer NRO-Arbeit durch verschiedene Projekte in der Flüchtlings- und Aufbauarbeit.

Wie wichtig eine umfangreiche Vorbereitung für einen kulturübergreifenden Dienst ist, wurde mir in diesen 18 Auslandsjahren sehr deutlich. Als Seelsorgerin und Psychologin durfte ich viele Menschen und Teams vor Ort begleiten und in Krisen unterstützen. So konnte ich auch Sarah und Babak in ihrer Vorbereitung und im Auslandseinsatz begleiten und dadurch Zeugin von den Prozessen sein, die Sarah in diesem Buch beschreibt. Sie erlaubt ihren Lesern einen zutiefst ehrlichen Einblick in ihr Innerstes, ihre persönlichen Kämpfe und Ängste in der Auseinandersetzung mit der fremden Kultur und Sprache, der Konfrontation mit Unrecht, Armut und Krankheit, ihre Sorgen um das Wohlergehen ihrer Kinder und das herausgeforderte Vertrauen in Gott und ihre geistliche Kindschaft.

An Sarahs Beispiel wird deutlich, dass die intensive Vorbereitung es ihr ermöglicht hat, das Erlebte in Gottes Licht zu reflektieren, aus den Tiefen zu lernen und stärker hervorzugehen. Und das ist letztlich Gottes Weg mit einem jeden von uns, ganz besonders, wenn wir uns von ihm senden lassen: Er möchte zuerst etwas in uns tun, uns verändern, damit wir ihm ähnlicher werden und dadurch ein Zeugnis seiner Macht und Liebe sind. Gott braucht keine Helden, aber er sucht Menschen, die bereit sind, ihm Schritt für Schritt zu folgen und die Wege zu gehen, die Er für sie vorbereitet hat.

Wenn du dieses Buch in den Händen hältst, weil du selbst in der Vorbereitung auf den interkulturellen Dienst stehst oder schon mittendrin steckst, wünsche ich dir, dass du dir Zeit nimmst, dein Leben zu reflektieren und dich von Gott ansprechen zu lassen. Gott will Knoten in unserem Leben aufdecken und uns in eine neue Freiheit führen. Hab den Mut, auch andere in dein Leben hineinsprechen zu lassen und gemeinsam den Weg zu gehen. In Anlehnung an das afrikanische Sprichwort: „If you want to go fast, go alone. If you want to go far, go together." „Wer schnell vorankommen will, der muss alleine gehen. Wer weit kommen will, der muss mit anderen zusammen gehen."

Annemie Grosshauser

Dipl.-Psych., Member Care Consultant und Autorin von *Globetrotter – Familien im Interkulturellen Dienst*[22]

WILLST DU MITMACHEN?

Ein Teil des Erlöses dieses Buches unterstützt unser Projekt in Äthiopien. Infos dazu findest du unter:

www.das-addis-projekt.de

WIR FREUEN UNS ÜBER SPENDEN:

mt:28 gGmbH
IBAN: DE88 6005 0101 0002 1912 54
Verwendungszweck: AM 310 / Keshtkaran, Äthiopien

Schreibe auch deine Adresse in den Verwendungszweck, wenn du eine Spendenbescheinigung bekommen möchtest, und deine E-Mail-Adresse (mit (at) anstatt @), damit wir dir unseren Newsletter senden können.

ANMERKUNGEN

1 2. Korinther 5,4, Neue Genfer Übersetzung 2011.

2 2. Korinther 5,8, Neue Genfer Übersetzung 2011.

3 Vgl. Nouwen, Henri: Of Suffering and Joy. Now you know. Kap. 2, Min. 3:04, Media 2018. Abrufbar bei Audible.

4 Ich weiß, dass fiebernde Kinder, die zwei Wochen später bereits auf dem Weg der Besserung waren, im Vergleich zu Krankheiten, mit denen andere Kinder und Eltern konfrontiert sind, kein besonders schlimmes Leid sind. Und dennoch brachte mich die Situation an diesen Punkt. Es ist nur meine Geschichte. Eine andere kann ich nicht erzählen.

5 Vgl. Brown, Brené: On Joy, SuperSoul Sunday, OprahWinfrey Network. URL: https://www.youtube.com/watch?v=RKV0BWS-PfOw (ab Minute 1:30).

6 Vgl. Nouwen, Henri: Of Suffering and Joy. Now you know. Kap. 2, Min. 4:09, Media 2018. Abrufbar bei Audible.

7 Vgl. Jordanleedooley auf Instagram, Post vom 6.1.2020, URL: https://www.instagram.com/tv/B8NJ0E0FVWP/?igshid=l-7hajfwals5s.

8 Vgl. 1. Korinther 9,19, The Message.

9 Original von Nayyirah Waheed: "What about this theory: the fear of not being enough and the fear of being 'too much' are exactly the same fear – the fear of being you."

10 Brown, Brené: Braving the wilderness. The quest for true belonging and the courage to stand alone. Kap. 7, Min. 17:00. Abrufbar bei Audible.

11 Vgl. 1. Korinther 9,19, The Message.

12 Vgl. Brown: Braving the wilderness. Kap. 7, Min. 17:31.

13 Aulus Gellius: The Attic Nights. In: The Laphams Quarterley Magazine (Hrsg.): Hacked-up days. URL: https://www.laphamsquarterly.org/time/hacked-days.

14 Vgl. Comer, John Mark: The Ruthless Elimination of Hurry. Teil 1, Min. 2:58. Abrufbar bei Audible.

15 Vgl. ebd. Min. 3:17.

16 Vgl. ebd. Min. 6:00.

17 Vgl. ebd. Min. 10:40.

18 Sjödin, Tomas: Warum Ruhe unsere Rettung ist. Stell dir vor, du tust nichts und die Welt dreht sich weiter. SCM R.Brockhaus, [3]2020, S. 147.

19 Ebd. S. 148.

20 Ebd. S. 149.

21 Berger, Alexander S.: Was ist Achtsamkeit. URL: https://www.achtsamerleben.de/achtsamkeit/.

22 Francke Verlag 2008.